马克思主义简明读本

实事求是

丛书主编：韩喜平

本书著者：吴自聪

编委会：韩喜平　邵彦敏　吴宏政
　　　　王为全　罗克全　张中国
　　　　王　颖　石　英　里光年

吉林出版集团股份有限公司

图书在版编目（CIP）数据

实事求是 / 吴自聪著. -- 长春：吉林出版集团股份有限公司，2014.4
（2019.2重印）
（马克思主义简明读本）

ISBN 978-7-5534-2599-3

Ⅰ.①实… Ⅱ.①吴… Ⅲ.①实事求是—理论研究Ⅳ.①B022.2

中国版本图书馆CIP数据核字（2013）第174375号

实事求是
SHI SHI QIU SHI

丛书主编：	韩喜平
本书著者：	吴自聪
项目策划：	周海英　耿　宏
项目负责：	周海英　耿　宏　宫志伟
责任编辑：	矫黎晗
出　　版：	吉林出版集团股份有限公司
发　　行：	吉林出版集团社科图书有限公司
电　　话：	0431-86012746
印　　刷：	北京一鑫印务有限责任公司
开　　本：	710mm×960mm　1/16
字　　数：	100千字
印　　张：	12
版　　次：	2014年4月第1版
印　　次：	2019年2月第3次印刷
书　　号：	ISBN 978-7-5534-2599-3
定　　价：	29.70元

如发现印装质量问题，影响阅读，请与出版方联系调换。0431-86012746

序　言

　　习近平总书记指出，青年最富有朝气、最富有梦想，青年兴则国家兴，青年强则国家强。青年是民族的未来，"中国梦"是我们的，更是青年一代的，实现中华民族伟大复兴的"中国梦"需要依靠广大青年的不断努力。

　　要提高青年人的理论素养。理论是科学化、系统化、观念化的复杂知识体系，也是认识问题、分析问题、解决问题的思想方法和工作方法。青年正处于世界观、方法论形成的关键时期，特别是在知识爆炸、文化快餐消费盛行的今天，如果能够静下心来学习一点理论知识，对于提高他们分析问题、辨别是非的能力有着很大的帮助。

　　要提高青年人的政治理论素养。青年是祖国的未来，是社会主义的建设者和接班人。党的十八大报告指出，回首近代以来中国波澜壮阔的历史，展望中华民族充满希望的未来，我们得出一个坚定的结论——实现中华民族伟大复兴，必须坚定不移地走中国特色社会主义道路。要建立青年人对中国特色社会主义的道路自信、理论自信、制度自信，就必须要对他们进行马克思主义理论教育，特别是中国特色社会主义理论体系教育。

要提高青年人的创新能力。创新是推动民族进步和社会发展的不竭动力，培养青年人的创新能力是全社会的重要职责。但创新从来都是继承与发展的统一，它需要知识的积淀，需要理论素养的提升。马克思主义理论是人类社会最为重大的理论创新，系统地学习马克思主义理论有助于青年人创新能力的提升。

要培养青年人的远大志向。"一个民族只有拥有那些关注天空的人，这个民族才有希望。如果一个民族只是关心眼下脚下的事情，这个民族是没有未来的。"马克思主义是关注人类自由与解放的理论，是胸怀世界、关注人类的理论，青年人志存高远，奋发有为，应该学会用马克思主义理论武装自己，胸怀世界，关注人类。

正是基于以上几点考虑，我们编写了这套《马克思主义简明读本》系列丛书，以便更全面地展示马克思主义理论基础知识。希望青年朋友们通过学习，能够切实收到成效。

韩喜平

2013年8月

目　录

引　言

从河间献王的"修学好古，实事求是"到毛泽东古为今用赋予其深刻的哲学道理；从第五次反"围剿"的惨痛失利到遵义会议的扭转困局；从"文化大革命"对其彻底抛弃到十一届三中全会的拨乱反正，实事求是从古越今，见证了中国革命与建设的风雨历程。

中国共产党人革命和建设的历史就是一部追寻实事求是的伟大而曲折的史诗。波澜壮阔的革命史诗铭记着那一段段历史沧桑，一段段血与泪凝结的苦难，一段段中国人民不懈的抗争，一段段战争的现实与和平的期望交织成的希望与辉煌。实事求是是这部波澜壮阔的中国革命史诗中的精彩篇章。共产党人之所以胜利，是因为遵循并坚持了这一原则。为什么只有中国共产党才能救中国？因为中国共产党信奉真理、相信实践。中国共产党的成功是人民的选择，也是历史的必然。是什么样的力量使得中国共产党能够历尽艰难，带领新中国扬眉屹立在世界的东方？又是什么样的精神让那支在崇山峻岭、江河草地中长征的队伍不屈不挠，肩负起整个国家和民族复兴的全部希望？仅仅是一个眼神，就能透出坚定的信仰；仅仅是一滴鲜血，就能折射出不屈的力量。那埋藏在心中矢志不渝的思想灵魂托起了民族复兴的希望。

曾几何时，实事求是这个马克思主义的基本原则被无端歪曲，教条主义和本本主义肆意横行，"文化大革命"的十年浩劫使国民经济陷入崩溃边缘。1976年10月，粉碎"四人帮"，"文革"被果断结束后，举国欢腾，百业待举。但是许多人还不能正确认识和对待毛泽东思想，还不能正确区分毛泽东的伟大历史功绩和晚年错误，党和国家的工作在前进中出现徘徊的局面。针对这种情况，邓小平旗帜鲜明地指出，"两个凡是"不符合马克思主义，要完整准确地理解毛泽东思想。这为我们党实现思想路线上的拨乱反正指明了方向。十一届三中全会以后，以邓小平、江泽民、胡锦涛、习近平为代表的中国共产党领导者重新确立了实事求是思想路线，并赋予它时代内容，将其发扬光大。

斗转星移，时至今日，实事求是仍然焕发着勃然生机，指引中华儿女追寻民族复兴、国家富强、人民安康的"中国梦"。

少年最富有朝气、最富有梦想，少年兴则国家兴，少年强则国家强。广大少年要坚定理想信念，矢志艰苦奋斗，锤炼高尚品格，在实现"中国梦"的生动实践中放飞梦想。

第一章　什么是实事求是

"实事求是"本是一句古老的中国格言。最早见于《汉书·河间献王传》，言称汉景帝之子河间献土刘德"修学好古，实事求是"。1941年5月，毛泽东在《改造我们的学习》一文中把这一原指治学态度的格言从哲学的高度作了新的解释，赋予了它新的含义，指出，"实事"就是客观存在着的一切事物，"是"就是客观事物的内部联系，即规律性，"求"就是我们去研究。我们要从国内外、省内外、县内外、区内外的实际情况出发，从中引出固有的而不是臆造的规律性，即找出周围事物的内部联系作为我们行动的向导。从此，"实事求是"便成为表达辩证唯物主义和历史唯物主义方法论基本要求的原则，成为我们党的马克思主义思想路线的根本点。

第一节　毛泽东对实事求是的阐释

毛泽东是在中国大地上成长起来的巨人。他从小善于汲取儒家文化的精华，具有丰厚的中国历史文化知识底蕴，使得他的道德观念、人生追求和价值取向乃至治国方略都显示出极为鲜明、浓厚的中国特色，特别是在领导中国革命的过程中，他能够从中国国情出发，创造性地运用马克思主义科学理论，发展出有中国特色的马克思主义，从而领导中国革命取得伟大胜利。毛泽东在这方面的贡献，是最可珍贵的精神财富。"实事求是"是毛泽东思想的核心、灵魂和精髓。从实践理性上看，"实事求是"是毛泽东运用马克思主义认识论原理对中国革命实践经验所作出的理论概括；从思想渊源来看，"实事求是"也是他对儒家文化精神传统的批判和继承。

一、湖湘儒学求实学风的浸润

儒家思想体系是长期在农耕文化土壤里形成的，因此具有实践理性的特色，突出强调"经世致用"和"实事求是"

的学风。毛泽东出身农家，深知无论春耕夏耘，秋收冬藏，农民长年累月在田里辛勤劳作，一切都讲求脚踏实地，务求实际。因此，少年毛泽东在私塾读书时，就很自然地受到这种务实学风的浸润。进入湖南四师和一师以后，通过杨昌济的指引，更广泛地接受了以王船山为代表的湖湘儒学求实学风的熏陶。

正是在这种求实学风的浸润下，青年毛泽东受十月革命和五四运动影响实现了世界观的转变，并凸显出迥然不同于其他先进分子的特色，就是在向西方寻求真理时，总念念不忘要结合研究中国的实际情况。1920年3月，他写给周世钊的信说，世界文明分为东西两派，东方文明在世界文明内，要占据半壁江山。然而东方文明可以说就是中国文明，所以他认为中国人应先研究透彻中国古今学说制度的精髓，再到西洋留学才有可比较的东西。与同时代的先进分子相比，毛泽东提倡实地调查，讲求"穷源探本"地研究国情，注重研究中国的历史与现状这一鲜明的特色，这与他系统研习并比较深入地接受儒家文化精神、求真务实的优良传统有着相当密切的关系。

二、毛泽东对实事求是的解释

毛泽东在1941年重新阐释和大力提倡儒家"实事求是"精神，对推动延安整风功效卓著，使人们真正从教条主义的束缚下解放出来，实际上在党内外开创了求真务实的新风气。

"实事求是"这一命题原本是儒家实用理性思维方式的经典表述。关怀人生，关注现世，求真务实，这是中国传统文化特别是儒家文化的一个显著特色。据《汉书·河间献王传》称："河间献王德，以孝景前二年立，修学好古，实事求是。从民得善书，必为好写与之，留其真，加金帛赐以招之。由是四方道术之人不远千里，或有先祖旧书，多奉以奏献王者，故得书多，与汉朝等。……所得书皆古文先秦旧书，《周官》、《尚书》、《礼记》、《孟子》、《老子》之属，皆经传说记，七十子之徒所论。其学举六艺，立《毛氏诗》、《左氏春秋》为博士。"这段话说明刘德在西汉极为重视古文经学，每当别人给他进奉古文旧书的时候，他就将"真"书，即原本精心保存，而给进献者另外抄写一份并附以金帛相送。班固就将刘德这种好古、重真的学风称为"实事求是"。唐代学者颜师古在注"实事求是"时说："务得事实，每求真是。"显然，这句话的"真"是对"假"而言，"是"是对"非"而言，而所谓"真是"就是"确确实实是这个东西"，而不是假货、赝品。由此可见，"实事求是"的原意就是要辨别古代典籍、文物和文献的真假、对错与是非，它原本是一个考据学的命题而不是哲学认识论命题，因为它所讲的"是"并不包含后来人们讲的"规律"的意思在内。

1941年，毛泽东在《改造我们的学习》这一著名报告中，运用辩证唯物主义认识论的原理，特意创出新的解说："'实事'就是客观存在的一切事物，'是'就是客观事物的内部联系，即规律性，'求'就是我们去研究。我们要从国内外、省内外、县内外、区内外的实际情况出发，从中引出其固有的而不是臆造的规律性，即找出周围事物的内部联系，作为我们行动的向导。"毛泽东的解说，继承了"事即物"，"是即理"的传统儒家文化观点，在新的历史条件下，对"实事求是"作了马克思主义的创造性解释，使这一命题的内涵与外延都发生了变化，它所代表的是一种新的学风与思想路线。在对"实事求是"一语作过马克思主义的崭新论证以后，1942年，毛泽东就用"实事求是"这四字为中央党校题词，1945年又为党的七大纪念册作了"实事求是，不尚空谈"的题词。

正是由于毛泽东的科学阐释与大力倡导，进而经过延安整风的发扬，实事求是这一思想路线终于在全党范围内得到确立，这是中国共产党历史上的一件大事，也是中国近现代思想文化史上的一件大事。

毛泽东所倡导的"实事求是"是在钻研马克思主义哲学的基础上，继承和发展儒家文化精神中"经世致用"的实学传统，是对以王明为代表的"左"倾教条主义的一种拨乱反正。人类思想文化史上，常有一些原来在旧体系中显得很平常的命题、诗句，在经过新思想家、文学家进行具有创新意义的琢磨与改制以后，往往会焕发出夺目的光彩。诚如汪澍白先生所言，"实事求是"这个古老命题，一经毛泽东妙手精心点化，就对整个毛泽东思想起到了画龙点睛的关键作用，成为整个思想体系中活的灵魂所在、核心所在、精髓所在。应该充分肯定毛泽东对"实事求是"的认同是活的认同，是科学理性的认同，是在认同和继承固有历史文化传统的基础上实现了富有革命意义的创造性的转化，也是毛泽东批判继承儒家文化精神遗产的优秀典范之举，值得后人仔细琢磨、认真借鉴。

第二节　实事求是的马克思主义哲学内涵

一、什么是"实事"

实事，就是客观存在的一切事物。这是毛泽东对马克思主义哲学认识对象的高度概括，它与马克思、恩格斯关于"存在"的观点和列宁关于"物质"的概念是基本一致的。"实事"就是从产生能效的现实事物出发，"从客观的真实的情况出发，而不是从主观的愿望出发"，是从解决中国革命和建设事业的理论问题和策略问题出发，而不是为了单纯地学习理论而去学习和研究理论问题。

一切从实际出发，就是调查研究我们时代的发展主题。抓住时代的主题，解决时代提出的迫切问题。黑格尔曾经说过，哲学并不处于时代之外，每个人都是他的时代的产儿……妄想能够超越那个时代的哲学，这就好比妄想个人可以跳出他的时代，是非常愚蠢的。所以身处任何时代，都要探求当时的社会现实，读懂国情，才能制定正确的方针策略。

二、什么是"是"

"是"，就是事物的规律性和内外部关系。这是毛泽东对事物客观规律及认识真理性的高度概括。"'是'，就是客观事物的内部联系，即规律性……从其中引出其固有的而不是臆造的规律性，即找出周围事物的内部联系，作为我们行动的向导。"毛泽东不仅通过大量的革命实践活动，概括出了"是"的科学含义，而且指出了"是"的另一规定性，也是实践的唯物主义的应有之义，它从实践中来又到实践中去，去指导和规范实践。规律的理论性和实践性，总是在事物的矛盾运动中丰富与发展。"是"，不仅要坚持实践变动的性质，也要坚持真理的社会和历史的结果。

"是"的价值像引领人们前进的自由一样，是人的自我解放和发展，使人们不断摆脱工具理性的自我异化，在个体的人的现实理性控制下，实现人的全面发展。

三、什么是"求"

"求"就是我们去研究。这是毛泽东对马克思主义哲学关于认识辩证过程的高度概括。它包含了从实践中来，到实践中去，由感性认识上升到理性认识，又由理性认识回到客观实践这样两个阶段，而不断地"求"，则内在地包含了辩证唯物论的总规律，即实践、认识、再实践、再认识的无限循环往复，反映了人的自觉的能动性和认识的辩证法。

"求"就是在鲜活的生动的现实面前，主动地接触现实，做足占有大量可靠的感性材料和对这些感性材料加工制作的功夫。第一，面向事实，占有可靠的丰富材料。材料的丰富详实，直接决定了所得出结论的可靠性和有效性，甚至是据此作出的战略得以顺利实施的关键。第二，需要对占有的材料归类和鉴别。归类材料和鉴别材料，就是要对材料做"去粗取精，去伪存真"的工作。第三，要对感觉材料做"由此及彼，由表及里"的改造制作的功夫。事物的联系从来都不是孤立的，它总是在一定条件下的实在性存在，总是以个别事物的面目展示自己的性状，在这样的一个个事物中，在条件相关性的引领下，把零散的材料整合成一个有机联系的存在，在条件关系中透过事物的现象，把握事物的内在联系和规律，揭示事物在质的方面的差异性和共同性，从而达到通过认识事物的本质，来改造主客观世界的目的。

第二章　实事求是思想路线的形成和确立

　　革命要取得胜利，就离不开正确科学的政治路线的指引，政治路线的正确与否直接关系到人民的根本利益。

　　中国共产党在历史上曾存在过两种错误倾向：一种是教条主义，纯粹地从书本出发，靠照搬照抄马克思列宁主义词句解决问题；另一种是经验主义，以狭隘的经验为基点，轻视科学理论的指导作用，满足于一得之功和一孔之见。虽然两者的表现形式迥异，但两者都是社会实践中的唯心主义，都具备主观主义的基本特征——理论和实践相脱节。而其中又以教条主义最甚，中国共产党反复出现"左"倾、右倾错误的思想认识根源即在于此。实事求是思想路线即是以毛泽东为代表的中国共产党人同主观主义等错误思想，尤其是在同教条主义错误思想不懈斗争的过程中得以形成和确立的。

第一节　实事求是思想路线的最初萌芽

中国共产党成立后与孙中山领导的国民党进行合作，建立革命统一战线，组织进行轰轰烈烈的国民大革命，大革命前期和中期取得了北伐战争的胜利，而后期却惨遭失败。失败的客观因素在于中外反动势力过于强大、国民党右派叛变革命等，但以陈独秀为代表的中共中央和共产国际代表，对蒋介石、汪精卫篡夺革命领导权的活动一再妥协退让，在革命后期犯了右倾机会主义错误，放弃了对革命的领导权，尤其是对革命武装的领导权，而这些主观因素正是导致大革命失败的根源所在。

一、大革命的失败

1926年春，蒋介石假借共产党"阴谋暴动"之名，扣押了停靠在黄浦的中山舰，拘留海军局代理局长、共产党员李之龙，逮捕和软禁部分共产党人，制造了震惊中外的"中山舰"事件。"中山舰"事件的发生激起了全国人民的愤怒之情。毛泽东、周恩来等人主张给蒋介石以坚决的反击。可是，陈独秀等担心共产党若采取过激行为会导致第一次国共合作统一战线的破裂，以为只有退让才能团结蒋介石进行北伐。最终，因中国共产党和苏联顾问一味的妥协退让，共产党员退出了国民革命第一军。同年，蒋介石以改善国共两党关系为名，又提出了"整理党务案"。"整理党务案"明文规定：中国共产党应把加入国民党的共产党员名册移交给国民党中央主席保管；在国民党高级党部执行委员中，共产党员任职不得超过三分之一；共产党员不得担任国民党中央各部部长。由于共产党的妥协，国民党中央会议通过了蒋介石的提案。"整理党务案"之后，谭平山、林祖涵、毛泽东等共产党员相继辞掉了国民党内各自的职务。如此一来，蒋介石的目的就达到了，中国共产党员从此在国民党中央没有了一席之地，国民党左派人士也受到打压。后来，蒋介石利用其强硬的政治手腕，经过一系列复杂的政治斗争，又充任国民党中央常务委员会主席和国民革命军总司令等职务，最终夺取了国民党党、政、军的最高领导权，为以后发动反革命政变准备了条件。这时的蒋介石已经成为大地主大资产阶级和国民党右派的代表。

面对国民党右派的咄咄逼人之势，陈独秀等人对国民党右派进行了一系列的让步，致使善于玩弄两面派手法、伪装革命的阴谋家、野心家——蒋介石，篡夺了国民党的党、政、军大权。这些错误的实质即在于陈独秀等人未能真正理解马克思主义的精髓所在，信任蒋介石、汪精卫超过信任工农群众，不惜牺牲工农群众的根本利益去迁就国民党右派的反动要求，以陈独秀为代表的右倾投降主义，致使全党未能集中力量组织革命军队和工农群众的革命力量，以应对蒋介石即将发动的突然袭击，为蒋介石后来发动反革命政变创造了有利条件。

二、陈独秀的右倾机会主义

大革命后期，导致大革命遭到惨重失败的重要原因，即在于陈独秀右倾投降主义错误在中共中央占据了统治地位，陈独秀右倾机会主义的错误主要表现在：

第一，对政治形势的错误分析。陈独秀认为国共两党的合作有可能破裂，是因为西方列强对于存有内乱的国家，其惯用手法是暗中支持敌对各方势力，使其自相分离、自相残杀，而收渔翁之利。国民党右派也趁机浑水摸鱼，名正言顺地借机清洗其内部的共产党员。国内局势的动荡不安，也致使工商界人士惶恐不安。面对错综复杂的局势，陈独秀犯了右倾错误，他极其担心过于向左的群众运动会破坏国共两党的联合战线，因为广泛的群众运动的规模和影响力日益扩大，且趋向于革命左派，国民党政权对此有所忌惮，并可能致使国民党内部的右派走向极端化，若处理不当，极有可能危及整个国民革命。陈独秀之所以错误地批评当时党内的左倾化，因为其未能真正明了国民党新右派企图叛变革命是导致国共两党合作失败的根源所在。

陈独秀错误地认为共产党领导的群众运动过于向左，会引起了国民党右派的恐惧，为避免国共两党之间因左、右之别可能引起的联合战线的破裂，安抚国民党右派，他采取妥协退让的方法来换取国民党继续进行革命，并具体提出所谓的七条紧急措施，幻想限制共产党领导的群众运动的规模，以求国民党按部就班地进行革命，这实际上是以共产党的向右转去讨好国民党右派。但统一战线中国共两党左派、右派的斗争是一场严肃的争夺领导权的斗争，妄想通过妥协换取国民党右派的左转只是一厢情愿式的幻想。这种牵强的巩固联合战线的方法之所以未能成功，是因为陈独秀未能理解国民党内蒋介石等新右派是破坏国共两党联合战线的真正根源所在。

第二，限制群众运动发展。中国共产党之所以能够取得广大农民的信任和认同，其根源在于广大人民群众的利益要求是党制定政策的出发点和落脚点，即带领农民进行土地革命，而这一点也是关乎中国革命成败的关键所在。在1926年下半年，陈独秀无视关乎中国革命时局的关键——农民土地问题，而只是一味地让步妥协于国民党右派。解决农民的土地问题，既是当时革命形势的大势所趋，也是扩大中国共产党力量的必然要求，同时，这也是实现无产阶级领导权，巩固工农联盟的根基所在。而陈独秀却单纯地以自我打压党所领导的群众运动来换取国民党新右派的同情，批评党过于注重运动式的群众运动。陈独秀未能真正领悟农民对土地的渴望程度，未能领悟中国革命成功与否的关键在于农民能否取得土地这一症结。

第三，全面放弃无产阶级领导权。陈独秀错误地认为只要安抚好国民党新右派趋向于左，并力争取得国民党左派的信任，便可继续维持国共两党合作的局面，从而便可以进一步推动国民革命运动。此外，共产党之所以丧失了当时的领导地位，原因即在于陈独秀将协助、巩固、发展国民党左派取得国民党的党、政、军领导权作为共产党的工作重心，如此，陈独秀将共产党的革命任务完全寄托于国民党左派人士，将革命重心寄希望于国民党中存有左、右之争的汪精卫、蒋介石等人的身上。由此，无产阶级领导权成为一句空谈，不仅共产党在国民政府中的领导地位丧失殆尽，甚至连群众运动的领导权也丧失了。因此，陈独秀以全面放弃无产阶级领导权为代价，幻想去防止国民党的右倾，忽视了不同性质的政党在革命的过程中所呈现出的排斥性这一马克思主义原理。

虽然人民群众是历史的决定者，个人的得失不能决定历史发展的趋势，革命的成败也不在于个人的得失，陈独秀的右倾错误也未能决定中国革命的大趋所向，但若中国共产党当时的领导方针正确，也可多保持一些胜利成果，至少可以避免重大人员损失。

第二节　实事求是思想路线的初步确立

从1927年到1930年，即从国民大革命失败到《反对本本主义》的诞生，中国共产党历经了战争的洗礼，同时，实事求是的思想路线在农村根据地也基本得以确立。毛泽东脚踏实地，客观分析中国国情和革命形势，在探索和实践中开辟出了一条区别于苏联的农村包围城市、武装夺取政权的新民主主义革命道路。

一、建立农村革命根据地

国民党叛变革命之后，露出其反动的真面目，在全国范围内搜捕共产党人，为此，1927年8月1日，周恩来、朱德等人发动了南昌起义，打响了武装反抗国民党反动派的第一枪。8月7日，党中央在汉口召开紧急会议，即八七会议，会议认真总结了大革命失败的经验教训，着重批判了陈独秀的右倾机会主义错误，扭转了党内因革命失败而造成的思想混乱和悲观情绪，整顿了党的组织和革命队伍。同时，确立了土地革命和武装反抗国民党反动派的总方针。

会上，毛泽东在发言中指出，政权的取得源自于枪杆子。1927年9月9日，毛泽东领导和发动了湘赣边秋收起义，此次起义军分三路攻打长沙，但因敌我力量过于悬殊，起义军损失严重。

　　起义惨遭失败，且损失惨重，毛泽东认真分析了敌我形势，毅然决定放弃原定计划，由攻占长沙转向人烟稀少的山区进军。因为长沙等大城市有敌人的重兵把守，敌我力量过于悬殊，且易守难攻，而山区则是敌人统治的盲区，利于党发展革命力量。毛泽东命令各路起义军向山区进攻，并在途中进行了著名的三湾改编，由此确立了党对军队的绝对领导。

　　1927年，毛泽东率领工农革命军到达井冈山地区，依据敌我力量大小及当地地形，领导井冈山军民积极开展游击战争，进行轰轰烈烈的土地革命，建立了工农革命政权，创建了井冈山革命根据地。1928年4月，为了汇合革命力量，朱德等人领导的起义部队同毛泽东领导的工农革命军胜利会师，即"朱毛会师"，建立了中国工农红军第四军。随着武装斗争和土地革命的开展，在党的领导下，建立了十几块农村革命根据地，红军发展到30余万人。在土地革命时期，由朱德、毛泽东直接领导的红军第一方面军和中央革命根据地起了关键作用。以毛泽东为主要代表的中国共产党人领导红军和广大人民群众在长期的革命斗争中，积累了"工农武装割据"的经验，走上了具有中国特色的农村包围城市、武装夺取政权的革命道路。

在土地革命初期，中国共产党对武装斗争的主攻方向到底是城市还是农村还不十分明确，在二者之间难以作出取舍。起初，工作重心仍然在中心城市。但伴随多次起义的相继失败，起义后保留下来的部队多数逐步转移到远离国民党统治中心的广大农村地区，并在那里建立革命根据地。到1930年上半年，中国共产党共开辟根据地15块，零星分布在10多个省的300多个县区，正式红军发展到13个军，共计6.2万余人，其中重要的根据地有：中央革命根据地、湘鄂西、鄂豫皖、陕北等。井冈山的星星之火，逐渐发展成为燎原之势，这使国民党大为震惊。与苏联城市包围农村的革命道路不同，1927年以后中国革命发展的客观规律要求：中国革命应以农村为重点，到农村去发动广大的农民，进行土地革命，开展武装斗争，建立根据地，走农村包围城市的革命道路。

依靠党和人民的集体奋斗，凝聚了党和人民的集体智慧，中国共产党第一代领导人带领全国人民走出了一条农村包围城市、武装夺取政权的革命新道路。从1928年10月到1930年5月，《井冈山的斗争》、《星星之火，可以燎原》等文章，即是毛泽东在总结井冈山和其他革命根据地实践经验的基础上先后撰写的。

《中国的红色政权为什么能够存在？》一文，由毛泽东撰写于1928年10月，这篇文章从理论上详实地论证了在四周白色政权的包围中，零星、分散的红色政权能够长期地存在并可以得以发展的现实性和可能性。同年11月，在《井冈山的斗争》一文中，毛泽东第一次提出了"工农武装割据"的思想，为农村包围城市道路理论的形成奠定了基础。

针对党内对革命时局的悲观思想，毛泽东于1930年1月撰写了《星星之火，可以燎原》一文，这篇文章明确回答了"红旗到底打得多久"的疑问，并且，以农村为中心，先在农村建立和发展红色政权，待条件成熟时再夺取全国政权的思想的初步形成也出自此篇文章。在文中，毛泽东科学地分析了中国社会的各种错综复杂的矛盾，认为当时的红色政权和革命力量虽然还很小，但中国革命有着光明的前景。在系统总结中国根据地经验的基础之上，毛泽东认为中国革命和十月革命不尽相同，中国革命的发展规律，是将党的工作重点从城市转入农村，以农村包围城市，在农村广泛地开展游击战争，深入进行土地革命，建立红色政权，把广大落后的农村变成中国革命的根据地，以便在长期战斗中逐步锻炼、积累和发展革命力量，逐步削弱敌人的有生力量，并适时攻占敌统区的中心城市，从而最终夺取全国政权和中国革命的胜利。

毛泽东认为，革命需要正确的理论思想来指导，并具有一定的规律可循，毫无章法地、凌乱地建立革命政权不符合中国革命的实际要求，革命不是凭借一己之力即可取得成功的，它需要正确的领导、正确的策略，即在广袤的农村开展土地革命，争取广大农民加入到革命队伍中来，不断扩大人民武装力量，并适时地建立革命根据地，以此为据点，逐步扩大根据地的范围，有计划地建设红色政权。此外，毛泽东还指出，中国的革命起于星星之火之势，而止于燎原之趋，因为半殖民地的国情要求中国的革命高潮来自于中国农民的斗争，且其最高形式是革命根据地、游击队、红军在中国共产党的正确领导下开展革命活动，直至取得全国的革命胜利。此上论述，详实地体现了毛泽东的"农村中心论"的革命思想，实际上体现了以农村为中心的革命思想，否定了照搬照抄外国经验的以城市包围农村的"城市中心论"，即迥异于"城市中心论"的农村包围城市的革命道路。这个独具中国特色的革命道路符合了中国的国情和革命实践，且有效地结合了马克思列宁主义，是建立在对中国国情和革命形势的客观分析基础之上的，是真正地坚持了马克思主义，而非教条式的照搬。

二、实事求是与本本主义的斗争

以毛泽东为主要代表的中国共产党人，在与教条主义不断斗争的过程中，将马克思列宁主义逐步融合到中国革命的具体实践中。

在这一时期，本本主义，即教条主义的错误主要表现为"立三路线"，无视国内国际革命力量仍然相对弱小的基本状况，片面夸大形势对革命有利的一面，逐渐形成"左"倾冒险主义错误。

与此同时，国内外政治形势也发生了一些重要变化。在国内，国民党统治集团的内部矛盾进一步激化。各个派系的军阀在各自帝国主义的支持下互相争斗，频繁不息的军阀混战加深了全国各阶层人民的苦难，也削弱了军阀自身的力量，无疑，这在客观上为革命力量发展提供了有利条件。这一时期，中国共产党也一直在积蓄力量，并逐步走出革命的危境。在农村，红军和根据地进一步巩固和扩大。在城市，党的组织和党的工作也有了一定程度的恢复和发展。总而言之，虽说革命斗争的局势比大革命失败时期好了许多，但敌我力量依旧过于悬殊，帝国主义和国民党统治集团的力量仍然相当强大，他们对星火燎原式的革命势力依旧严防死守，中国革命的高潮还未见端倪。

在国际上，部分发达资本主义国家的工人群众运动，在1929年资本主义经济危机期间有了较大的发展。这些国家有一部分知识分子向往社会主义的倾向迅速增长。但世界资本主义的统治并未临近崩溃，也没有随着经济危机的爆发而形成世界范围的革命高潮。

在此形势下，中国共产党本应正确判断国内外形势，抓住历史时机，及时推进革命事业的发展。但此时中共中央的部分领导人受共产国际的"左"倾思想的影响，同时，国内外形势的变动有利于进行革命，中共中央的部分领导人的头脑又开始发热。认为革命形势已经在全国成熟，由李立三起草的《目前政治任务的决议》在中央政治局通过，标志着李立三"左"倾冒险主义错误在中共中央取得了统治地位。与此同时，决议也对革命形势作出了误判，认为这是世界性大革命的前兆，是中国革命的大好历史时机，红军应全面、主动出击，以夺取最终的胜利。李立三等人号召全党"要勇敢、勇敢、再勇敢地前进"。李立三的"左"倾冒险错误发展到顶点。在革命根据地，一些党和红军的领导人，在不同程度上对这种"左"倾错误有所抵制，同时李立三"左"倾冒险错误的急剧发展，超出了共产国际所能允许的范围，因此也受到共产国际的批评，这些都为随后的六届三中全会承认"犯了些冒险主义的与'左'倾关门主义的错误"作了准备。六届三中全会的及时召开，有效地阻止了李立三等人"左"倾冒险计划的执行，保存了中国革命的有生力量。

在《反对本本主义》一文中，毛泽东开宗明义地提出："没有调查，没有发言权。"文章指出：僵硬的、呆板的本本主义不符合马克思列宁主义的本质要求，它有悖于中国共产党人从中国革命斗争中创造的新局面，由此，初步界定了党的思想路线的基本含义。这里的"从斗争中"，即是不能从主观臆断出发，不能搞本本主义，而应从中国国情和革命实践出发；"创造新局面"，即应该有创新性，而不是照本宣科，唯书是上。这是对唯物论与辩证法的运用和体现。毛泽东反对社会科学研究中的本本主义，提出中国有着自身独特的国情和革命实际，中国共产党人应从中国的国情和革命实际着手，深入到广大农村搞调研，并在革命斗争中不断总结适合自身的革命道路。毛泽东历来注重调查研究，并反复强调要调查研究，"反对瞎说"。他还指出，经典性的马克思主义著作具有强大的理论性功能，不能一笔抹杀其巨大的理论指导作用，但若运用到我国的革命实践，须结合我国的国情。

党的思想路线这一科学概念首次出现于《反对本本主义》一文中，由此，实事求是的思想路线在农村根据地基本确立。

在与教条主义者的斗争中，以毛泽东为主要代表的共产党人，一是在实践中开创了一条以走农村包围城市、武装夺取政权的革命道路，以实际行动抵制了来自共产主义和党内教条主义的错误。二是在理论上，将马克思列宁主义灵活地运用于中国的革命实践，并适时地结合中国国情，使之逐步中国化，并灵活运用马克思主义基本原理解决中国革命过程出现的问题，最终创立具有中国特色的革命道路理论。1930年5月，毛泽东在《反对本本主义》一文中提出应始终将马克思主义融合于中国的国情和革命实践，以逐步实现其中国化。此外，在文中毛泽东也初步论述了党的实事求是、独立自主和群众路线的基本思想。

三、王明的"左"倾错误

党的六届三中全会前后，在瞿秋白、周恩来等人的正确领导下，"左"倾冒险主义错误得到及时的纠正，党政机关的各项工作也逐渐恢复到常态。但是不久，共产国际又要求中国共产党召开六届四中全会，因为共产国际对瞿秋白等新任领导人有所不满，对李立三等所犯错误性质的判断又有了新的变动。在1931年召开的中国共产党六届四中全会上，王明取得了中共中央的领导地位，并推行一些不符合中国革命实际的错误路线，致使"左"倾错误在中央横行四年之久。

"左"倾冒险错误被纠正之后不久，王明"左"倾教条主义错误又占据了中共中央统治的主体地位，而这是由多方面因素造成的，共产国际直接的、强加于人的、不正确的干预是其主要原因。八七会议以来，党内存在着浓厚的"左"倾情绪，虽然党中央整饬过几次，批评过几次，但始终未能在根源上进行系统的清理，党内部分人士仍对于马克思主义理论和中国革命实际缺乏完整的、统一的、正确的认识和理解。在此情形下，以王明为首的"左"倾主义者以教条的马克思主义理论为标杆来判断一切，由此，"左"倾主义错误迷惑了党内的很多人，使人们不容易识别其错误和危害，致使党内思想混乱。因王明等人有我们党的上级——共产国际这一"尚方宝剑"，这就很大程度上会促使那些认为王明路线错误的人也发生转变而起码在表面上支持他。同时，这也证明了处于幼年时期的中国共产党的脆弱性、不稳定性。

1933年2月，蒋介石吸取了前三次"围剿"失败的教训，调集30多个师的兵力，兵分三路，从左、中、右三个方向对中央革命根据地发动第四次"围剿"，在此次"围剿"中采取逐次转移、各个击破的策略。自1932年6月，国民党方面的主要军事力量开始向中国共产党的三个主要革命根据地分别发起了猛烈进攻，鄂豫皖、湘鄂西、湘鄂赣地区的反"围剿"也拉开帷幕，以阻止国民党解除红军对武汉威胁的企图。但因负责鄂豫皖地区革命的领导人张国焘等人错误的路线方针，加之敌人的力量强大而我军力量弱小，鄂豫皖、湘鄂西两个革命根据地的反"围剿"最终失败，致使中央革命根据地日益孤立。

那时候，毛泽东被剥夺了中央苏区军队的领导权，在中国共产党内掌权的是王明、博古等人，这些人继续用"左"倾错误的教条主义思想来发号指令。王明、博古等人强制命令中央红军去攻打大城市，毫不顾忌大城市里的重重防守和庞大军事力量。最后幸亏周恩来、朱德从实际情况出发，抵制错误指令，声东击西，集中优势兵力，在运动中围歼敌军，指挥红军在江西宜黄附近，连续歼敌三个师，俘敌万余名，缴获大量枪械，基本上打败了敌人的第四次"围剿"，创造了红军大兵团伏击歼敌的重要经验。

20世纪30年代初期，苏联的安全日益受到德国法西斯和日本军国主义的威胁。共产国际为了苏联的国家利益着想，要求各国共产党抢在德日两国进攻苏联之前，取得本国革命的胜利。于是，当时中央的领导王明不顾中国实际情况，乖乖地按照共产国际的意思下达命令，让处在国统区的党组织浮出水面，进行示威游行，发动各界进行罢工、罢课活动，甚至还有武装暴动等一系列冒险主义的行为，这就使得好不容易保持隐秘的地下党组织赤裸裸地主动暴露在了国民党面前，结果只能是自讨苦吃，地下党组织损失惨重，全中国的会员仅余大约3000名，就连中国共产党中央的总书记向忠发也被俘了，其不良后果之严重可见一斑。临时党中央在上海已无立足之地，无奈之余，只好迁到中央苏区，但仍继续推行"左"倾错误路线，同时，毛泽东的正确军事思想被其斥责为毫无价值的"游击主义"。他们反对红军诱敌深入的正确战略，却胡乱批评红军必要的转移，并扣之以"右倾逃跑主义"的帽子，认为这是革命悲观思想的涌现。

1933年9月底，共产国际军事顾问李德从上海来到瑞金。李德以外国革命者的身份，来到中国以帮助中国人民的解放事业，但他作为一名外国人士，完全不了解中国的国情和革命实际情况，只是生硬地套用苏联红军正规战争的经验，给中国革命造成严重的损害。临时中央的主要领导人博古对李德十分信赖和支持，让军事顾问李德掌握了红军的指挥权。他们实际上是这次反"围剿"的最高军事指挥者。作为这次反"围剿"的最高领导，他们没有科学的战略方针，而是带有浓重的主观想象的色彩去判断局势。看到敌人大规模进攻，他们就认为这是国共之间的决死之战，并且不顾自身兵力与敌人兵力的巨大差距，自不量力地采取冒险主义方针，感性地、主观地发出"御敌于国门之外"的错误指令。让红军离开自己的根据地去外线抵御敌人，这些错误的大政方针导致了我军惨重的损失。

趁着第四次"围剿"时中国共产党内出现的错误指令，国民党蓄谋再发动一轮大规模的"围剿"以期一举将中共"剿灭"，于是同年秋天，蒋介石在美帝国主义的大力支持下动用主要兵力，陆军空军联合出动，大规模进攻中央苏区，妄图缩小范围，将中央红军困死在江西。

面对来势汹汹的强大敌军，博古、李德就断定，这次是中国共产党与国民党的决死一战，鹿死谁手在此一举。进而，他们实行铤而走险的政策，冒险地提出"御敌于国门之外"、"不丧失寸土"的口号，无视敌我力量过于悬殊的现实，单纯地命令所有的红军全线出击，攻打敌占区中心城市的坚固阵地。进攻受挫以后，他们转而采取防御中的保守主义，主张"分兵把守"，处处设防，节节抵抗，用土堡垒去对付敌人的飞机大炮，并且经常轻率地以主力对敌军的堡垒阵地发动进攻，舍弃自己擅长的运动战和游击战战术，同敌人打阵地战，以"短促突击"跟敌人拼消耗。红军第五次反"围剿"奋战一年，伤亡惨重，却未能打退敌人的"围剿"，反而使自己陷入极其危险的境地，致使中国的革命危在旦夕。

1934年10月，面对中国革命生死存亡之际，临时党中央被迫决定中共中央和中央红军八万余人实行战略大转移，此外，由项英、陈毅率领一部分红军和游击队，留在中央根据地坚持游击战争，以掩护主力红军顺利突围，以便实行战略大转移。就这样，我们后来所熟知的两万五千里长征开始了。

长征开始时，博古、李德又犯了逃跑主义的错误。他们没有向指战员作政治动员，致使很多人不明确进军的目标。中央红军经过英勇奋战，冲破敌人四道封锁线，最终只剩下三万多人。红军原打算向湘西转移。蒋介石已经判明红军的意图，在通往湘西的道路上，埋伏重兵。在危难关头，毛泽东建议红军改向敌人力量薄弱的贵州前进。中央大多数领导人肯定了毛泽东的意见。于是，红军强渡易守难攻的乌江，出其不意地攻占了黔北重镇遵义，把敌人的堵截部队远远抛在湘西，摆脱了敌人的封锁，使革命转危为安。

王明"左"倾冒险主义错误给中国革命造成了严重危

害，首先使刚刚恢复的白区共产党组织和革命力量又一次遭到惨重损失。1931年九一八事变后，他们又继续采取关门主义政策，中央领导机关无法在上海立足，被迫迁入中央根据地，白区党组织所剩无几。与此同时，中央和其他革命根据地也受王明"左"倾错误干扰，在中央根据地，排斥毛泽东在党和红军中的正确领导，打击拥护毛泽东正确主张的邓小平等人，在根据地工作中推行"左"倾政策，给根据地工作造成极大混乱。

更为严重的是，1933年9月中央红军第五次反"围剿"开始后，中央领导人依旧执行王明"左"倾冒险主义，完全否定了毛泽东等人的正确作战原则，在军事指挥上采取僵硬的、纯粹的防御路线，即战争初期实行进攻中的冒险主义，反对诱敌深入、集中兵力、迂回作战，主张"全线出击"、"御敌于国门之外"，并丧失了十九路军在福建事变期间红军可能打破"围剿"的有利时机。在全面主动出击之后，继而又实行防御中的保守主义，依旧无视敌我力量的悬殊，同敌人打阵地战，拼消耗，致使红军伤亡惨重，根据地日益萎缩。红军继续在内线作战以求胜利的希望破灭，中央和中央红军（即红一方面军）不得不于1934年10月实行突围，开始长征。长征开始后，在向后方撤退的过程中执行了逃跑主义的路线，导致有一半以上的红军战士牺牲。由于王明"左"倾冒险主义的危害，中国革命一度几乎陷入绝境。

四、遵义会议的历史性转折

1930年9月，中共六届三中全会召开，王明"左"倾错误逐渐在中央占据主要地位。由于王明继续推行进攻的方针，组织大规模的城市罢工、罢课、罢市和武装起义，革命遭到惨重的失败。1933年初，中共临时中央机关由上海迁入中央根据地，在实践中已宣告城市中心论的破产。但"左"倾教条主义者仍不顾中国革命实际，推行过激的政治路线和简单教条的军事路线，排挤毛泽东的正确领导，结果使根据地的形势日益严峻，第五次反"围剿"越打越糟，最后不得不进行大规模战略转移，开始长征。

长征初期，在"左"倾错误领导人博古等人的指挥下，红军继续遭到惨重损失，面临全军覆没的危险。中国共产党和中国革命处在十分危急的关头。农村根据地的丧失以及红军长征中的挫折与胜利，使全党多数同志开始认清"左"倾错误的危害和毛泽东主张的正确性。

就在形势十分危急的关头，1935年1月中共中央紧急召开了政治局扩大会议，地址选在贵州遵义。在这次会议上，党中央集中全力去纠正博古等人的"左"倾错误；肯定了毛泽东等人的关于红军作战的基本原则和正确的军事主张；会议还选举毛泽东为中央政治局常委；取消博古、李德的军事最高指挥权。由毛泽东、周恩来、王稼祥三位同志，全面负责军事指挥事项。这样，就在军事和组织两个方面纠正了错误。

会议由博古主持。在会议的开始，博古作了关于第五次反"围剿"战争的一个总结性报告。在报告中，他为自己的错误辩解。接着，周恩来以红军总政委的身份作了报告。他以大局为重，主动承担战争失利的责任，同时他还建议今后把军事指挥权交给毛泽东，从而把会议的讨论引向纠正错误的军事领导这一关键的问题上。毛泽东在会上作了精辟的发言，他首先坚决地否定了博古的上述报告，从革命战争的战略角度，深入浅出地分析了红军在第五次反"围剿"战争中失败的根本原因在于领导人只是单纯防御的错误战略。接着张闻天、王稼祥同志也相继发言，他们积极拥护毛泽东的上述主张，严厉地批评了博古、李德在军事斗争中所犯下的严重错误。

遵义会议解决了具有决定意义的军事路线和组织领导问题。但由于会议是在十分紧急的战争事态下召开的，因此并没有完整详细地讨论党在政治方面的相关问题。这时，要就多年来党的工作中所有重大问题的是非展开讨论，是不现实也不可能的。中共中央对这些问题取得一致的正确认识，需要有一个过程。因此，会议决议也只是一般的肯定中央的政治路线，也探讨造成军事指挥错误的深刻政治原因。但是，遵义会议将党内所面临的最为迫切的问题解决了，那就是军事上和组织上两个问题。会议明确地解决了有关战略战术方面的对与错的问题，改变了党中央的军事领导权，在事实上确立了毛泽东为核心的新领导，使党的路线步入到马克思主义的正确轨道上，为实事求是思想路线的形成营造了有利的局面。

伟大的中国共产党首次能够独立自主地去运用马克思列宁主义基本原理解决自己国家革命的路线、方针和政策问题，将存在于党内很长时间的分歧和矛盾加以妥善地处理。需要强调的是，在遵义会议以前，我们的党还不善于根据马克思主义的基本原理，去独立自主地解决中国革命面临的重大问题。而遵义会议则是在失去了与共产国际联系的情况下召开的，是中国共产党独立自主地制定自己的路线、方针和政策的会议，使中国共产党从"左"倾教条主义的束缚下解放出来，把马克思主义基本原理与中国革命的具体实际结合起来，分析、研究和解决中国革命的具体问题。会议表明马克思列宁主义的普遍原理和中国革命的具体实践相结合的毛泽东思想开始在党中央占据主导地位，是中国共产党从幼稚走向成熟的标志。

综上所述，在万分危急的危难关头，正是长征途中召开的遵义会议，才挽救了我们的党、我们的红军，也才挽救了中国的革命，使中国共产党重获了新生，是一个生死攸关的重要转折点，这次会议也标志着中国共产党在政治上开始从幼稚走向成熟。从此毛泽东坚持马克思主义的正确路线，带领红军克服艰难险阻，取得了二万五千里长征的伟大胜利，重新开创了中国革命的新局面，并脚踏实地地引导中国的革命走向胜利。

五、党的思想路线的哲学论证

中央红军长征到达陕北后，毛泽东开始着手对中国革命的历史经验作系统的总结和梳理，并从哲学理论的高度继续阐述实事求是的思想路线。以毛泽东为首的党中央投入了很大精力来加强共产党自身建设。

在土地革命战争时期，领导国家革命的党的主要领导人藐视真理，从纯粹的主观臆想出发，否认马克思主义基本原理"不是教条，而是行动的指南"这个真理，要么对马克思主义断章取义，要么唯共产国际的指示是从，曾把中国红军逼到了生死攸关的危急关头，也使中国革命遭受到了严重的挫折。为了揭露主观主义，尤其是危害很大的教条主义错误的思想根源，1937年毛泽东写了《实践论》、《矛盾论》两篇文章，文中道出了什么是真理，强调只有那些实践，社会性的实践，才能成为人们判断认识正确与否的唯一标准。文章从马克思主义哲学认识论的高度深刻阐述了理论对于实践的依赖关系，以及具体问题具体分析等马克思主义的思想方法和工作方法。从哲学立场和高度总结了中国共产党领导中国人民革命的历史经验，严厉地批判和纠正党内主观主义，尤其是教条主义的错误，深入阐述和论证了马克思列宁主义基本原理一定要同中国具体实践相结合的真理，阐明了我们党的马克思主义的思想路线，对党的思想路线作了系统的哲学论证。

《实践论》一文主要是从哲学认识论的高度，彻底批判党内长期存在的主观主义，揭露主观主义特别是教条主义对中国革命事业造成的严重危害。在《实践论》中，毛泽东根据马克思关于人类的生产实践、阶级斗争实践的理论，考察中国革命斗争的实践，系统而深入地阐述了实践对人们认识的决定作用；指出"把实践提到第一的地位"是马克思主义哲学认识论的首要观点，只有人们的社会实践，才能够成为人们认识的真理性的唯一标准，也就是我们所熟知的"实践是检验真理的唯一标准"。

《矛盾论》一文全面地论述了马克思主义哲学中辩证法的最根本的规律——对立统一的规律。与《实践论》的思路一致，毛泽东首先根据马克思主义基本原理中自然界以及人类社会中一切事物运动发展的内在规律，又结合我们党在北伐战争和土地革命战争中的两次胜利、两次失败的丰富经验和教训，逐一详细地解释和论证了矛盾的普遍性和特殊性、主要矛盾和矛盾的主要方面等问题。文章在将矛盾的普遍性原理阐述完之后，开始着重阐述矛盾的特殊性。毛泽东指出：很多同志，特别是教条主义者不懂得矛盾的普遍性寓于矛盾的特殊性之中，不懂得"用不同的方法去解决不同的矛盾，这是马克思列宁主义者必须严格地遵守的一个原则"。我们的同志如果对具体事物不作具体的调查研究，对中国革命的特殊性不加以认真踏实的考虑，而是把普遍性的真理当作公式肆意到处生搬硬套，那结果就一定会摔大跟头。

与此同时，上述两篇文章也是毛泽东对之前的哲学思想的系统化概括，它是对马克思主义哲学认识论和辩证法的丰富和发展，无论是在中国哲学史上，还是在世界哲学史上都占有一席之地。《矛盾论》和《实践论》是在哲学的层面上对中国革命战争实践经验的哲学概括，以及对中国共产党批判"左"、右倾错误，特别是"左"倾教条主义错误的哲学总结。它深刻系统地论述了党内同志所犯错误的思想认识根源，这在中国共产党历史上是第一次。这两篇文章为我们党的思想路线奠定了理论基础。同时也从思想上、理论上武装了中国人民和中国共产党，为迎接全国性的抗日战争作了思想准备。

六、两次胜利与两次失败

1927年8月到1937年7月的十年间，中国共产党在艰苦磨炼中逐步从幼稚走向了成熟。

在这十年间，我们党积累了两次胜利和两次失败的丰富的实践经验和教训，与此同时也伴随着两次历史性的转变。两次胜利和两次失败指的是中国革命经过了北伐战争的胜利和失败，也经过了土地革命战争的胜利和第五次反"围剿"战争的失败。与此同时也实现了两次历史性的转变。第一次是由北伐战争的失败到土地革命战争的兴起。这期间，中国共产党领导人民群众，开辟出农村包围城市、武装夺取政权的革命道路，终于使革命事业恢复和发展起来。第二次是由第五次反"围剿"的失败到抗日战争的兴起。由于遵义会议结束了王明"左"倾教条主义在中央的统治，毛泽东以及马克思主义路线在中国共产党和红军中的领导地位得以确立，从而使中国的革命走上了马克思主义的正确轨道。这两次历史性的转变充分说明，中国革命的对象——我们的敌人是异常强大的，要和这样强大的敌人斗争是不可能一下子就取得成功的。中国革命的进程必然是曲折而艰难的。

在这十年间，各革命根据地人民群众做出了巨大的牺牲。国民党方面一心想扼杀中国人民的革命斗争，于是对各个革命根据地发动了一次比一次规模更大的反革命"围剿"，并且还对各根据地进行严密而残酷的经济封锁，企图围困人民革命力量。但这些困难阻止不了英勇的中国人民前进的步伐，各根据地人民群众克服困难，以人力、物力和财力支援红军战争，推小车、抬担架、后勤供给……，他们不怕牺牲，前仆后继，用生命和鲜血捍卫红色政权和革命成果。各根据地人民群众为中国革命作出的无私奉献和重大贡献，将被历史永远铭记。

在这十年间，中国革命得到共产国际和苏联的支持和帮助，但也有着深刻的教训。历史和实践经验证明，一种理论如果离开了具体现实的实际，那它是无从发挥作用的，对于外国经验，也不能照搬照抄，否则就犯了教条主义的错误，会因此而带来不可估量的损失。此外，让一个距离中国很遥远的国际指挥中心来遥控和指导我们中国革命的做法也都是万万不可取的。

中国共产党必须坚持实事求是、群众路线、独立自主的原则，把马克思主义中国化，才能使中国的革命向胜利的方向迈进。中国共产党人，特别是以毛泽东为代表的革命领导人，脚踏实地地从中国的具体国情和革命情况等实际情况出发，勇敢反对来自上级，即共产国际的错误指令，并坚决同共产党内连续出现的"左"倾、右倾错误作斗争，把党的工作重心从城市转入农村，走出了一条没有照搬而是区别于苏联的农村包围城市、武装夺取政权的革命道路。紧紧依靠人民群众，特别是农民，轰轰烈烈地开展土地革命，开辟农村革命根据地，发展红军队伍，打机动灵活的游击战来壮大自己的势力。初步探索和解决了例如中国新民主主义革命的性质、任务、对象、动力和前途等一系列问题。这样，从20世纪20年代后期到30年代前期，毛泽东思想就在中国共产党人异常艰苦的革命实践和理论创造中逐步形成和发展起来。在遵义会议以后，毛泽东所写的许多理论著作和党的许多决议，又使毛泽东思想得到进一步展开。这就为实现全民抗战和争取中国革命的胜利，提供了有力的理论保证。

七、六届六中全会

抗战开始后不久，1937年11月，王明从莫斯科回到延安，根据共产国际及苏联领导人的指示精神，"一切经过统一战线"、"一切服从统一战线"，将共产党及其领导的人民军队的活动限制在国民党允许的范围内。毛泽东和中共中央其他领导人一起，对王明的右倾错误进行了坚决抵制。

为了解决中国共产党在革命斗争中一度出现的右倾错误，总结经验、吸取教训，统一全党的认识和步调，以便确定党在抗日战争新阶段的基本方针和任务。1938年9月，中国共产党召开了扩大的六届六中全会。会上，毛泽东作了题为《论新阶段》的政治报告，这是会议的中心议题。"马克思主义中国化"的命题就是在这个报告中最先提出来的，他强调："离开中国的特点来谈马克思主义，那只会是抽象的、空洞的马克思主义。"

其次，报告首次使用"实事求是"这一概念。毛泽东运用老百姓喜闻乐见的文化形式，也就是传统文化中"实事求是"的想法来深入浅出地阐述思想。极力来说明马克思主义基本原理必须与中国的实际结合起来才可以发挥巨大作用的道理，指出"共产党员应是实事求是的模范"。为此，他向全党发出号召，提议认真深入学习作为党的指导思想的马克思主义基本理论，认真研究历史留给我们的文化遗产并给予批判的总结，调查研究当前运动的特点及其规律性。在1938年的六届六中全会上，实事求是思想路线在全党初步确立。

此外，值得一提的是，在遵义会议以后，共产国际七大改变了过去的"左"倾政策，实现了革命战线的转变，制定了建立广泛的反法西斯统一战线的方针，并且在1938年肯定了以毛泽东为代表的中共中央的正确领导，这对于毛泽东在全党领导地位的确立和实事求是思想路线的确立有着十分重大的意义。

党的六届六中全会是一次具有重大历史意义的会议。它宏观地把握了抗日战争的形势，明确了抗日战争下一步的任务，为党掌握抗日战争的领导权谋篇布局。它基本上克服了党内以王明为代表的"左"倾错误，进一步确定了毛泽东在全党的领导地位，统一了全党的步调，推动了各项工作的迅速发展。

第三节 实事求是思想路线的正式确立

在遵义会议上，由于形势严峻，情况危急，我们党只从当时迫切要解决的军事、组织方面批判并纠正王明的教条主义错误思想，但是，我们大部分的党员干部对这种错误的思想根源还缺乏深刻的认识，本本主义的教条思想还没有去除，要想改得彻底，就还得从人的思想领域加以纠正和清算。除此之外，在中国共产党的党员队伍中，农民阶级和小资产阶级占了大多数，各种非无产阶级的思想在他们身上都体现了出来。而老党员要适应新形势，要进一步提高自己。为了进一步清理"左"倾教条主义的余毒，统一全党思想，也使全党特别是一大批青年知识分子树立正确的学风，为抗日战争的最后胜利打下坚实的思想基础，有必要开展一场普遍的马克思主义教育运动。

一、延安整风

1941年5月，中国共产党开展了整风运动。召开了延安干部会议，在会上，毛泽东作了题为《改造我们的学习》这样发人深省的报告，深刻批判了主观主义的恶劣作风，号召全党树立理论和实际相统一的马克思主义作风。次年，毛泽东又在其他场合的会议上作了两个报告，分别是《整顿党的作风》与《反对党八股》。整风运动首先在延安开展起来，随后各抗日根据地都先后开展了整风运动。一波是党的高级干部，一波是一般干部和普通党员。虽然是分两个层次进行的，但是二者都有一个共同的地方，那就是从党走过的艰难岁月中汲取教训，认清王明所犯得"左"倾错误究竟错在哪里，从批判中教育全党，认清主观主义尤其是教条主义危害大，要不得，从而教育广大的党员同志，特别是党员干部一定要学会用马克思主义的立场、观点、方法解决前进中遇到的各种问题。只有我们拥有了正确的指导思想和思想路线，中国革命的胜利才指日可待。

在延安整风期间，毛泽东从思想路线的角度，系统阐述了坚持实事求是的重要性。整风运动的内容主要包括：反对主观主义、反对宗派主义、反对党八股，来分别整顿学风、党风以及文风，其中反对主观主义是此次整风运动的重点部分。整风运动的方针是"惩前毖后，治病救人"，也就是本着团结的心态来批评指正一些错误的思想，最后达到真正的团结，我们的目标就是在团结了同志的同时，也拨开纷繁复杂事情的神秘面纱，弄清事情的本来面目。

此次延安整风的重心就是坚决反对主观主义，达到整顿学风的目标。毛泽东在《改造我们的学习》的报告中指出，主观主义是全党、全国人民的"大敌"，"只有打倒了主观主义，马克思列宁主义的真理才会抬头，党性才会巩固，革命才会胜利"。理论脱离了实际，此乃主观主义之实质，这在我们的具体实际工作中就表现为唯心主义。针对主观主义，毛泽东明确指出，许多同志"只会片面地引用马克思、恩格斯、列宁、斯大林的个别词句，而不会运用他们的立场、观点和方法，来具体地研究中国的现状和中国的历史，具体地分析中国革命问题和解决中国革命问题"。我们"应用马克思列宁主义的理论和方法，对周围环境作系统的周密的调查和研究"，这才是正确的态度。毛泽东进一步阐释：有的放矢的态度中，"的"就是中国革命，"矢"就是马克思列宁主义。我们中国共产党人所以要找这根"矢"，就是为了要射中国革命和东方革命这个"的"的。这种态度就是实事求是的态度。

毛泽东征求张闻天同志的看法，认为党内长期而普遍存在着的主观主义其实概括总结起来主要表现为两种：一种是教条主义，另一种则是经验主义。尤其是教条主义，是党内反复出现的"左"倾、右倾错误的思想认识根源。那些犯教条主义错误的同志学习了解了部分马克思主义基本原理，但仍旧没能掌握马克思主义理论之精神实质，在不深入考察实际的情况下就恣意指手画脚，还拿"理论家"自居来吓唬别人。而那些只背诵马克思主义书本上的个别结论和个别原理，而不能根据马克思主义理论来研究中国的历史实际和革命实际，不能从理论上来思考中国的革命实践的人，是不能称之为真正的理论家的。批判教条主义错误后，毛泽东同时还指出经验主义要不得，尤其是日常从事实际工作的同志，虽然在实践中积累了很宝贵的经验，但是若将局部经验误认为是普遍的真理，其实这样也是不对的，知识也是不完全的，革命的任务也因此难以完成好。因此，我们应该大力倡导和宣传马克思主义的唯物论和辩证法，发扬实事求是的精神，对主观主义说不。有书本知识的人，要向实践方面发展；有工作经验的人，要认真学习理论。

克服主观主义就是要以科学态度对待马克思主义，必须发扬理论联系实际的马克思主义学风，一切从实际出发，实事求是。在《改造我们的学习》一文中，还对"实事求是"这一成语进行了新的解释。他说，"实事"指客观存在的一切事物；"是"就是客观事物的内部联系，即规律性；"求"就是我们去研究。这样，实事求是就成了党的马克思主义思想路线通俗而生动的表述。

主观主义反映到组织关系上那就成了宗派主义。宗派主义在党内关系上的表现，是只顾局部利益，背离党的民主集中制，以致向党闹独立性；宗派主义在党外关系上的表现，则是在党外人士面前表现得自高自大，总认为别人比自己低一等。这两种倾向都是错误的。宗派主义要不得，它影响到党内的团结一致，也不利于党发展壮大革命事业。

"党八股"实质上是上述的主观主义和宗派主义的表现形式。犯教条主义错误的同志，往往不管他在写文章，作报告还是干其他事，全部都是空话套话连篇，空洞的理论大谈特谈，不讲求实效。"党八股"这种形式，不能表现革命精神，只会窒息革命精神。

正是由于教条主义的错误曾经在党的历史上产生了严重后果，因此运动的一个重要内容就是批判错误思想路线。此次运动的方针应该是"惩前毖后"和"治病救人"，这明显区别于教条主义者所执行的错误思想路线。我们的这种方针，意思是对于错误的思想和观点我们要坚决地去批判，不留情面，但是要把握好度，不能咬定一处错误永远不放手，而是批判指正错误，目的在于让人去更快改正，并且能把后来的事情做好。就如同医生治病一样，目的不是把人整死，而是为了救人。

要想将书本理论同面临的实际情况结合起来，就需要进行深入地调查研究。调查研究是转变党的作风的基础一环。在整风运动中，中共中央多次召开总结党的经验座谈会，使干部尤其是掌握大权的领导干部从切身的实践经验中，更好地认识党的历史上路线是非问题，以提高马克思主义理论水平。

在深入研究党的历史、认清路线是非的基础上，经过一年半的讨论。六届七中全会上，关于党的历史诸多重大问题有了正式的结论，标志着整风运动圆满结束。

延安整风实质上是一次思想革命，是继五四运动之后的一次思想解放运动。它将党内长期普遍存在的以王明为代表的教条主义的错误思想束缚打破了。在整风运动中，通过学习马列主义，总结党的历史经验教训，彻底肃清了王明教条主义的思想影响，它不仅重新教育和训练了党内经过长期斗争保留下来的一批老干部，而且教育训练了抗战初期入党的大批新党员。它对于我们党内的高级领导干部坚持马克思主义的思想路线，实事求是，从实际情况出发办事情，坚持将马克思主义基本原理应用于中国革命的具体实际中去具有深远的意义。马列主义与中国革命实际相结合的思想深入人心，实事求是被全党所接受，成为党的辩证唯物主义和历史唯物主义的思想路线的中国化表述。整风运动使广大干部和党员掌握了马克思列宁主义普遍原理与中国革命具体实践相结合的根本原则，树立了实事求是、理论联系实际的良好学风，形成了全党在马克思列宁主义、毛泽东思想基础上的团结和统一。经过整风运动，实事求是的思想路线已实际形成，为党的七大确立毛泽东思想为全党的指导思想创造了重要条件。

二、六届七中全会

在中国共产党历史上，召开大的会议之前，一般都先召开一个小型的会议，为大会议的召开做提前而又充分的准备工作。同样，在党的七大召开之前，也就是1944年5月，我们党召开了扩大的六届七中全会，会址选在了革命圣地延安。会议经过长期的讨论，终于达成了一项决议，即《关于若干历史问题的决议》，这个决议的通过是这次会议最为重要的成果。

这次会议通过的《关于若干历史问题的决议》，主要集中精力总结了遵义会议前一段革命实践的深刻教训，也就是王明"左"倾错误给党和人民军队造成了极其严重的后果和恶劣的影响，还曾一度将党和红军陷于生死攸关的危难境地。前事不忘后事之师，中国共产党理所应当对这段经历作出一个理性而严肃的总结，深入挖掘和分析这种"左"倾教条主义错误的表现，更为重要的是我们有必要找到当初犯这种错误的思想根源，以防在后续的工作中犯类似错误；在批判错误思想路线的同时，会议还高度赞扬了以毛泽东为代表的一些保持清醒头脑、有实事求是作风的领导同志，正是由于毛泽东敢于坚持真理，勇于实践，才将马克思主义理论充分而正确地运用于解决中国革命问题的伟大实践，在党和红军危难的时候挽救了他们，使红军重获新生，使中国的新民主主义革命重新点燃了希望，因而会议明确指出毛泽东作为全党领袖的重大意义。《关于若干历史问题的决议》提出，全党今后的任务是始终坚持以马克思列宁主义为指导思想，建立广泛的抗日民族统一战线，为抗日战争的胜利和中国人民的解放而不断奋斗。

决议对党内若干重大的历史问题作出结论，使全党划清了马克思主义与教条主义的界限，确立了实事求是的思想路线，掌握了马克思列宁主义普遍原理与中国革命具体实际相结合的原则，使全党对毛泽东思想的认识达到一定高度，使全党尤其是党的高级干部对中国民主革命的基本问题的认识达到在马克思列宁主义基础上的一致。

三、中共七大

1945年春意盎然的时候，我们党终于迎来了第七次全国代表大会，会议地址仍然是在延安。这是中国共产党建党以来在民主革命时期最完美、最盛大的一次全国代表大会。毛泽东在会上作了《论联合政府》的政治报告。

第一，大会依据中国革命实践经验，制定了革命应坚持的马克思主义的群众路线。

大会明确提出了群众路线是党的根本政治路线和组织路线。这条路线是争取中国民族解放和人民革命胜利的指南。同时，抗日战争即将取得胜利，而党的任务则是：放手发动广大人民群众，不断壮大人民武装力量，领导人民打败日本帝国主义侵略者，解放全国人民，建立一个独立、自由、民主、统一、富强的新民主主义国家。需要强调的是，我们的建国方案只能是无产阶级领导的人民民主专政的国家，而其他的两种建国方案，包括蒋介石等代表大地主大资产阶级利益的反动势力，和中间势力，即资产阶级的走资本主义道路建立资产阶级共和国也是行不通的。所以，在这个时候阻碍我们和平建国的主要是代表大地主大资产阶级利益的国民党，我们当前的任务就是要发动群众，通过人民的战争来铲除阻碍中国走向民主和独立的障碍物。尽快让四亿中国人民站起来，当家做主，重新开始建立自己的新家园。因为只有废除国民党的一党专政，才能成立符合民意的民主联合政府。

第二，党的七大确立毛泽东思想为党的指导思想。

有人问，我们国家的共产主义是什么呢？关于这个问题，刘少奇在七大上作了明确的回答，他说，我们国家的共产主义就是把马克思主义应用于中国革命实践当中而产生的理论成果，即毛泽东思想。它完全是马克思主义的，又完全是中国的。党的七大把毛泽东思想确立为中国共产党的指导思想，从此，全党同志紧密地团结在以毛泽东为核心的党中央周围，在中国的马克思主义毛泽东思想的指引下阔步前进。毛泽东思想作为马克思主义理论的光辉成果，是适合我国国情和具体革命实践的，在毛泽东思想的旗帜下，我们的革命必将取得新的伟大胜利。

第三，党的七大民主选举出以毛泽东为核心的新的中央委员会，这是领导革命取得胜利的核心。

在七大会议上，刘少奇在《关于修改党的章程的报告》中指出：毛泽东思想是马克思主义中国化民族化的优秀典型。它是运用马克思主义的宇宙观与社会观——辩证唯物主义与历史唯物主义，根据中国民族的特点，概括中国历史、社会及全部革命斗争经验而创造出来的。大会选举毛泽东、朱德等为中央政治局委员；选举毛泽东、朱德、刘少奇等为中央书记处书记，这是一个有能力领导人民革命建设的集体。

总之，党的七大是我们党在新民主主义革命战争后期的一次大会。它系统地总结了中国新民主主义革命20多年的曲折发展史。此外，这次大会制定了正确的路线、纲领和策略，整饬了党内的错误思想，统一了全党的思想，使全党尤其是党的高级干部对中国民主革命的发展规律有了比较具体、明确的认识，使全党达到了空前的团结。这次大会取得了圆满的胜利，毛泽东思想正式成为党的指导思想，实事求是也在全党正式确立。

第三章　建国后毛泽东对实事求是的
坚持与背离

新中国建立后，百业待兴。1956年，我国完成了社会主义改造，全党全国人民在毛泽东的领导下开始进行社会主义建设。在对社会主义道路的初步探索中，毛泽东坚持实事求是思想，制定了一系列符合我国国情的社会主义建设方针、政策；然而，随着社会主义建设的逐步推进，由于各种复杂的主客观因素的影响，他在指导思想上出现了急于求成、急于过渡的错误，这就脱离了我国发展的实际，给我国社会主义建设造成了困难；在对社会主义矛盾的认识中，毛泽东将许多人民内部矛盾看作敌我矛盾，开始偏爱阶级斗争的处理方法、路线。

第一节　新中国的成立

辽沈、平津、淮海三大战役结束后，解放战争的胜利已成定局，全国解放指日可待。中国共产党将面临一系列新的挑战，如何从领导中国人民进行革命的政党向进行社会主义建设的政党转变，以及党的工作重心如何转移等问题。党的七届二中全会为今后的工作指明了方向，勾画了宏伟蓝图。

一、七届二中全会

在中国人民解放战争即将取得全国胜利的前夕，经过充分准备，中国共产党于1949年3月5日至13日在河北省平山县西柏坡中央机关食堂，召开了第七届中央委员会第二次全体会议。出席这次全会的有中央委员34人，候补中央委员19人，列席会议的11人。会议由毛泽东、刘少奇、周恩来、朱德、任弼时组成的主席团主持。这是中国共产党为建立新中国奠基的一次具有深远历史意义的会议。

会议确定了促进革命迅速取得全国胜利的各项方针。会议认为，今后解决国民党残余军队的方式，"不外天津、北平、绥远三种"。"天津方式"，即用战斗去消灭敌军的方式；"北平方式"，即和平改编国民党军队的方式；"绥远方式"，即暂时维持原状，以后再改编敌军的方式。当前首先必须采取的还是"天津方式"，但后两种方式也不能忽视，必须认真学会和平斗争。会议认为，军事斗争和政治斗争应当互相渗透，并坚持原则的坚定性和策略的灵活性。为了适应斗争的需要，必须培养大批革命干部，要把人民解放军看成培养干部的学校，把210万野战军全部化为工作队。

全会着重讨论了党的工作重心转移的问题，即工作重心由农村转向城市。全会认为，从1927年大革命失败到现在，由于敌强我弱，党的工作重心一直在农村。党侧重于在农村聚集力量，开展武装斗争，领导土地革命，建立农村革命根据地。历史已经证明这个方针是完全必要和完全正确的，并且是完全成功的。现在经过辽沈、平津和淮海三大战役后，敌我力量发生了根本变化。从现在起，党的工作重心应该由农村转向城市，实行由城市领导农村的工作方式。

党的七届二中全会另一项重要工作是确定党在全国胜利后

的一系列基本政策。全会指出，中国革命在全国胜利后，我们需要反对外国帝国主义，迅速恢复和发展生产，使中国稳步由农业国变为工业国，从新民主主义国家转变为社会主义国家。为此，全会规定了党在政治、经济、外交等方面的方针政策。

在政治方面，会议分析了革命在全国胜利后中国社会的基本矛盾，毛泽东在报告中指出："中国革命在全国胜利，并且解决了土地问题以后，中国还存在着两种基本矛盾。第一种是国内的，即工人阶级和资产阶级的矛盾。第二种是国外的，即中国和帝国主义国家的矛盾。"由于这些基本矛盾的存在，会议强调要巩固和加强无产阶级领导的、以工农联盟为基础的人民民主专政，要强化无产阶级领导的人民共和国的国家制度。

在经济方面，会议科学地分析了革命胜利后我国的社会经济成分，并确定了党的政策：第一，没收官僚资本归人民共和国所有，使这部分经济成为社会主义性质的国营经济，成为整个国民经济的领导力量。第二，对于占现代工业经济第二位的私人资本主义经济，必须采取既利用又限制的政策。第三，对于占国民经济90%左右的农业和手工业经济，必须谨慎、逐步而又积极地引导它们通过合作社的形式，向集体化和现代化的方向发展。

在外交方面，必须坚持独立自主的外交政策。毛泽东在报告中指出："不承认国民党时代的任何外国外交机关和外交人员的合法地位，不承认国民党时代的一切卖国条约的继续存在，取消一切帝国主义在中国开办的宣传机关，立即统制对外贸易，改革海关制度，这些都是我们进入大城市的时候所必须首先采取的步骤。"这就是毛泽东所说的"另起炉灶"。毛泽东又指出："关于帝国主义对我国的承认问题，不但现在不应急于去解决，而且就是在全国胜利以后的一个相当长时期内也不必急于去解决。我们是愿意按照平等原则同一切国家建立外交关系的，但是从来敌视中国人民的帝国主义，绝不能很快地就以平等的态度对待我们，只要他们一天不改变敌视的态度，我们就一天不给帝国主义国家在中国以合法的地位。"后来毛泽东把它比喻为"打扫干净屋子再请客"。

在中国革命胜利的转折点召开党的七届二中全会，具有重大的历史意义。会议描绘了新中国的宏伟蓝图，确定了新中国的主要政策，为促进和迎接全国胜利的到来，为发展和推动新中国的各项建设事业，保证中国由新民主主义向社会主义的转变，从政治上、思想上和理论上作了充分准备，具有巨大的指导作用。

二、开国大典

1949年10月1日，中华人民共和国中央人民政府成立典礼，即开国大典，在北京天安门广场隆重举行。中华人民共和国诞生了！中国的历史从此翻开了崭新的篇章。

下午2时，中国人民政治协商会议第一届全体会议选举产生的中央人民政府委员会在勤政殿举行第一次会议。中央人民政府主席毛泽东，副主席朱德、刘少奇、宋庆龄、李济深、张澜、高岗，以及周恩来等56名中央人民政府委员会委员宣布就职。会议一致决议，宣布中华人民共和国中央人民政府成立，接受《中国人民政治协商会议共同纲领》为施政方针，向各国政府宣布中华人民共和国中央人民政府为中国唯一合法政府，愿与遵守平等、互利及互相尊重领土主权原则的任何外国政府建立外交关系。会议结束后，中央人民政府主席、副主席及各位委员集体出发，乘车出中南海东门，前往天安门城楼出席开国大典。

此时，参加开国大典的北京30万军民齐聚天安门广场，翘首期待着伟大历史时刻的到来。

下午3时，中央人民政府委员会秘书长林伯渠宣布中央人民政府成立典礼开始。在群众的欢呼声中，毛泽东主席用他那带着湖南口音的洪亮声音，向全世界庄严宣告："中华人民共和国中央人民政府今天成立了！"顿时，广场上欢声雷动，群情激昂。在代国歌《义勇军进行曲》的雄壮旋律中，毛泽东按动电钮，新中国第一面五星红旗冉冉升起。全场肃立，向国旗行注目礼。广场上，54门礼炮齐鸣28响，象征着中国共产党领导全国各族人民艰苦奋斗28年的光辉历程。

随即，毛主席向全世界宣读中央人民政府第1号公告。接着举行盛大阅兵式。朱德总司令在阅兵总指挥聂荣臻陪同下，乘敞篷汽车检阅部队。检阅毕，朱德总司令回到主席台上宣读《中国人民解放军总部命令》，指出："坚决执行中央人民政府和伟大的人民领袖毛主席的一切命令，迅速肃清国民党反动军队的残余，解放一切尚未解放的国土，同时肃清土匪和其他一切反革命匪徒，镇压他们的一切反抗和捣乱行为。"

随后，在全场经久不息的掌声和欢呼声中，中国人民解放军三军受阅部队列成方阵，迈着威武雄壮的步伐，由东向西分列式通过天安门广场。与此同时，刚刚组建的人民解放军空军14架战斗机、轰炸机，凌空掠过天安门广场，接受检阅。

阅兵式持续近3个小时，此时天色已晚，长安街华灯齐放，群众游行开始了。一队队游行群众高举红旗和红灯，纵情欢呼，"中华人民共和国万岁！""毛主席万岁！"的口号声响彻云霄。天安门城楼上，毛主席探身栏杆外，不停地向广场上的群众挥手致意，情不自禁地在扩音机前大声高呼："同志们万岁！""人民万岁！"广场上，人们热情洋溢，载歌载舞，万众欢腾，尽情地欢度新中国的第一个夜晚，节日的首都沉浸在幸福、喜悦和欢欣鼓舞中。这一天，在全国已经解放的各大城市，都举行了隆重热烈的庆祝活动。

中华人民共和国的成立，是中国有史以来最伟大的事件，也是20世纪世界最伟大的事件之一，它结束了少数剥削者统治广大劳动人民和帝国主义奴役中国各族人民的历史，中国人民从此当家做主成为国家的主人，中华民族的发展从此开启了历史新纪元。

三、第一部宪法的诞生

1954年9月15日至28日，中华人民共和国第一届全国人民代表大会第一次会议在北京中南海怀仁堂举行，大会制定并颁布的《中华人民共和国宪法》是中国历史上第一部社会主义宪法，也是一部真正体现人民民主精神的宪法，为发扬社会主义民主和建立社会主义法制奠定了初步基础。

刘少奇在关于宪法草案的报告中指出：《中华人民共和国宪法》是一百多年来中国人民英勇奋斗，包括中国共产党领导的新民主主义革命历史经验的总结，也是中华人民共和国成立以来新的历史经验的总结。大会选举毛泽东为中华人民共和国主席，朱德为副主席，刘少奇为全国人大常委会委员长，宋庆龄等13人为副委员长，决定周恩来为国务院总理。

建立人民民主的社会主义国家体制，是中国共产党人一向追求的目标。1952年11月，中共中央作出决定，立即着手准备召开全国人民代表大会并制定宪法。1953年1月，中央人民政府委员会决定成立以毛泽东为主席，朱德、宋庆龄等32人为委员的宪法起草委员会。在对东西方各国宪法广泛了解、深入研究的基础上，宪法起草委员会在毛泽东亲自领导和主持下，广泛听取党内外的意见，历时一年多，数易其稿，完成了宪法草案初稿的起草。1954年3月23日，宪法起草委员会召开第一次会议，毛泽东代表中共中央向会议提出了宪法草案（初稿）。大会决定组织民主党派、人民团体和社会各方面代表人物8000多人，对初稿进行讨论。

1954年6月14日，中央人民政府委员会第30次会议通过公告，将宪法草案交付全国人民讨论。一场有1.5亿人参加的讨论宪法的热潮在全国展开。9月9日，中央人民政府委员会第34次会议讨论并通过了修改后的宪法草案，同时决定正式提交第一届全国人民代表大会审议。

1954年的《中华人民共和国宪法》是中国历史上第一部社会主义宪法，也是一部真正体现人民民主精神的宪法。它包括序言、总纲、国家机构、人民的基本权利和义务等4章，共106条。宪法明确规定：中华人民共和国全国人民代表大会是最高国家权力机关，是行使国家立法权的唯一机关；国务院，即中央人民政府，是最高国家权力机关的执行机关，是最高国家行政机关；中华人民共和国主席由全国人民代表大会选举产生，和全国人大常委会委员长结合行使国家元首的职权；中华人民共和国公民在法律上一律平等。民族区域自治作为国家的一项基本政治制度，在宪法中得到正式确认。这样，人民代表大会制度、共产党领导的多党合作和政治协商制度，同民族区域自治制度一起，构成了中国社会主义的基本政治制度。

《中华人民共和国宪法》的诞生，使人民有了自己的宪法，为发扬社会主义民主和建立社会主义法制奠定了初步基础。

第二节　建国后毛泽东对实事求是的坚持

建国初期，党和毛泽东领导全国人民完成了社会主义改造，开始进行社会主义建设。在对社会主义道路的初步探索中，毛泽东坚持实事求是的思想路线，制定了一系列符合我国国情的社会主义建设方针、政策，并就社会主义建设中出现的问题对社会主义社会的矛盾进行研究，冲破"无矛盾论"思想的束缚，发展了马克思主义矛盾学说。正是因为毛泽东坚持一切从实际出发的实事求是的思想路线，所以在建国初期才取得了许多积极成果。

一、社会主义改造

新中国成立后，中国共产党领导全国各族人民开始了有步骤地从新民主主义到社会主义的转变。经过三年经济恢复工作之后，1952年底，党中央按照毛泽东的建议，提出了党在过渡时期的总路线："党在这个过渡时期的总路线和总任务，是要在一个相当长的时期内，逐步实现国家的社会主义工业化，并逐步实现国家对农业、对手工业和对资本主义工商业的社会主义改造。这条总路线是照耀我们各项工作的灯塔，各项工作离开它，就要犯右倾或'左'倾的错误。"

社会主义改造的完成具有重要的历史意义。它从根本上改变了中国的面貌。农业、手工业由个体所有制，转变为集体所有制，资本主义工商业由私有制转变为全民所有制。全民所有制与劳动群众集体所有制在整个国民经济中占据绝对优势。这是中国历史发展的一个重要里程碑，是20世纪中国又一次划时代的历史巨变。更难得的是，在这个过程中，没有出现因生产关系急剧变革而引起的生产力的破坏，国民经济基本上稳定发展，人民群众对改造普遍拥护。

毋庸讳言，社会主义改造在取得伟大成就的同时，也存在一些失误和教训，最主要的是在选择社会主义目标模式时，教条式地理解了马克思、恩格斯关于社会主义社会的一些设想，基本照抄照搬苏联社会主义模式。

苏联是第一个社会主义国家，其社会主义模式曾被认为是符合马克思、恩格斯的设想的，而且在一个时期内发挥了巨大威力，再加上当时的国际形势，党和毛泽东在构建中国社会主义框架时，很自然地参照苏联模式来确定中国的社会主义模式。

中国是一个经济文化落后的国家，马克思、恩格斯基于资本主义发达国家情况对社会主义的设想，与中国国情之间有很大差距，因此对于马克思、恩格斯的设想不能采取教条主义的态度；苏联模式在其本土就不恰当，搬到中国来就更为不妥。

由于选择的社会主义目标模式不太符合中国国情，所以，在这种目标模式指导下进行的社会主义改造，不可避免地会出现偏差。这突出体现在把单一公有制看作是社会主义的唯一经济基础。

社会主义改造中另一个失误是大大缩短了社会主义改造的进程。按照原定方案，经过三个五年计划，实现社会主义工业化，完成社会主义改造。但是在1955年提出加速农业合作化以后，由于毛泽东对农业合作化的速度要求过急，并错误地在党内批判了"右倾"思想，从而促成了1955年下半年开始的农村社会主义改造高潮，并带动了资本主义工商业和手工业社会主义改造高潮的到来。社会主义改造急剧提速，到1956年底基本上完成了社会主义改造。如此深刻的社会变革，步伐这样急促，发生"要求过急、工作过粗、改变过快、形式过于单一"的缺点和偏差，也丝毫不奇怪。

二、《论十大关系》

1956年初，在生产资料私有制的社会主义改造不断取得胜利的形势下，中共中央开始把党和国家工作的着重点向社会主义建设方面转移。从1953年执行第一个五年计划算起，社会主义建设已有三年多的实践经验。在全面照搬照抄苏联的一系列做法中，对于苏联经济建设中的一些缺点和错误也逐步有所了解。以苏为鉴，总结自己的经验，探索一条适合中国国情的社会主义建设道路，已经摆到了中国共产党面前。

1956年2月后，毛泽东用了两个多月的时间先后听取了中央34个部委的汇报，汇报的内容主要是有关经济建设问题的调查研究。关于正确处理十大关系的思想，就是在这个基础上，经过中央政治局的几次讨论，由毛泽东集中概括出来的。同年4月25日至28日，中共中央政治局扩大会议在中南海颐年堂举行。出席会议的除政治局委员外，还有各省、市、自治区党委第一书记。毛泽东在会上作了《论十大关系》的报告。

所谓十大关系，是毛泽东对国家经济、政治生活的一些重大问题的概括，它们是：重工业和轻工业、农业的关系，沿海工业和内地工业的关系，经济建设和国防建设的关系，国家、生产单位和生产者个人的关系，中央和地方的关系，汉族与少数民族的关系，党和非党的关系，革命和反革命的关系，是非关系，中国和外国的关系。

"以苏为鉴"，根据中国国情走自己的发展道路，是贯穿《论十大关系》的基本精神。毛泽东认为："十大关系的基本观点，就是同苏联作比较。除了苏联办法之外，是否可以找到别的办法，比苏联、东欧各国搞得更快更好。"毛泽东论述的十个问题，很大程度上是为避免苏联走过的弯路提出来的。

《论十大关系》提出了建设社会主义的基本方针，即把党内外、国内外的一切积极因素调动起来，把我国建设成为一个强大的社会主义国家。

《论十大关系》主要讨论的是经济问题。毛泽东曾经说过，在十大关系中，前五条是主要的，其中头三条主要涉及经济发展战略，后两条主要涉及经济管理体制。另外五条讨论的则是同经济建设密切相关的国家政治生活的一些重大问题。

《论十大关系》适应我国即将迎来社会主义建设新高潮的历史性变化，以经济建设为重点，提出了党领导社会主义建设的新思路，堪称走中国自己的社会主义建设道路的具有标志性的开篇之作，也是毛泽东坚持实事求是思想路线的代表作之一。

三、党的八大

1956年秋，正值社会主义改造即将完成，社会主义建设即将全面展开之际。在这一历史关头，中国共产党第八次全国代表大会于9月15日至27日在北京全国政协礼堂隆重召开。作为党取得执政地位后召开的第一次全国代表大会，会议不仅对所面临的形势作了科学的分析，制定了一系列的路线、方针、政策，而且对执政条件下党的建设问题进行了初步探索。出席大会的代表共1026人，有代表着全党1073万党员，50多个外国共产党、工人党代表团，以及国内各民主党派和无党派民主人士的代表。

在9月15日的开幕式上，毛泽东致开幕词。他指出："我们这次大会的任务是：总结从七次大会以来的经验，团结全党，团结国内外一切可能团结的力量，为了建设一个伟大的社会主义的中国而奋斗。"毛泽东强调："把马克思列宁主义的理论和中国革命的实践密切地联系起来，这是我们党的一贯思想原则。"为了迎接即将到来的全面经济建设的高潮，他向全党发出了"必须善于学习"的号召。他说："要把一个落后的农业中国改变成为一个先进的工业化中国，我们面前的工作是很艰苦的，我们的经验是很不够的。因此，必须善于学习。""即使我们的工作得到了极其伟大的成绩，也没有任何值得骄傲自大的理由。虚心使人进步，骄傲使人落后，我们应当永远记住这个真理。"

刘少奇代表中央委员会作政治报告。报告总结了党的七大以来，特别是新中国成立以来的丰富经验，正确地分析了国内形势和国内主要矛盾的变化，提出了党在今后的根本任务和一系列新的方针政策。报告指出：由于生产资料的社会主义改造"已经取得决定性的胜利"，"社会主义的社会制度在我国已经基本上建立起来了"，我国开始进入了全面的大规模社会主义建设时期。我们国内的主要矛盾，已经是人民对于经济文化迅速发展的需要同当前经济文化不能满足人民需要之间的矛盾。党和全国人民当前的主要任务是，集中力量发展社会生产力，把我国尽快地从落后的农业国变为先进的工业国，逐步满足人民日益增长的物质需要和文化需要。

邓小平作了关于修改党章的报告。他指出，必须健全民主集中制，贯彻执行党的集体领导原则和扩大党内民主。所谓民主集中制就是在民主基础上的集中和在集中指导下的民主。把民主与集中的领导关系变为指导关系，这一关系一直沿用至今。邓小平还强调发扬党的工作中群众路线的优良传统，特别要警惕脱离实际、脱离群众的危险。

大会对三个报告进行了热烈讨论，一致同意这三个报告。朱德、陈云、董必武、彭德怀、陈毅、李富春、薄一波等68人在大会上作了发言，还有45人提交了书面发言。

党的八大召开于中国由社会主义革命阶段向全面社会主义建设阶段的历史转折关头，是一次团结的大会、胜利的大会，也是党的历史上第一次以全面建设社会主义为主题的代表大会。八大提出了以发展生产力为中心任务，全面建设社会主义强大国家的基本路线。这一路线为即将到来的全面社会主义建设指明了正确的方向。正是因为八大坚持了实事求是的思想路线，所以八大制定的路线、方针、政策总体上是正确的。八大提出的许多新的理论观点和方针政策是富于创造精神的，是全党智慧的结晶，达到了当时可能达到的最高认识水平。

经过认真酝酿，大会在充分发扬民主的基础上，选出了党的第八届中央委员会。随后召开的八届一中全会，选举毛泽东为中央委员会主席，刘少奇、周恩来、朱德、陈云为副主席，邓小平为总书记，并由上述六人组成中央政治局常务委员会。

四、《关于正确处理人民内部矛盾的问题》

党的八大后，毛泽东继续探索符合中国国情的社会主义建设道路，取得了新的成就。最突出的成果，就是发表了著名的《关于正确处理人民内部矛盾的问题》，创立了关于社会主义社会矛盾的学说。《关于正确处理人民内部矛盾的问题》是毛泽东在最高国务会议第十一次（扩大）会议上的讲话。后来毛泽东根据原始记录加以整理，作了若干补充，1957年6月19日在《人民日报》发表。

全文主要内容包括：第一，社会主义社会的基本矛盾。毛泽东指出，社会主义社会的基本矛盾仍然是生产关系和生产力之间的矛盾，上层建筑和经济基础之间的矛盾。但同阶级对抗社会的矛盾根本不同，它是一种既相适应又相矛盾的情况，不具有对抗性，可以经过社会主义制度本身，不断地得到解决。

第二，社会主义社会的两类矛盾。毛泽东指出，在我们的面前有两类矛盾，这就是敌我之间的矛盾和人民内部矛盾，并全面地分析了各种类型的人民内部矛盾，系统地论述了正确处理各种矛盾的方针政策。他认为，两类矛盾的性质不同，解决的方法也不同。敌我矛盾要用强制性的专政方法解决，人民内部矛盾只能用民主的说服教育方法解决。

第三，国家政治生活的主题和正确处理人民内部矛盾的具体方针。毛泽东指出，正确处理人民内部矛盾已经成为国家政治生活的主题。为此他提出了正确处理人民内部矛盾的各项具体方针。他指出，要用民主的方法，用"团结—批评—团结"的公式，作为从政治上处理人民内部矛盾的原则；解决经济领域中的矛盾，应依据发展生产，统筹安排，兼顾国家、集体和个人三者利益的原则；科学文化上的问题，应采取"百花齐放，百家争鸣"的方针；民族关系中的矛盾，应采取加强民族团结，帮助各少数民族发展经济文化的方针；在与民主党派关系上，应实行"长期共存，互相监督"的方针等。这些方针政策的着眼点，在于调动一切积极因素，团结一切可以团结的人，并尽可能地将消极因素变为积极因素，为建设社会主义这一伟大事业服务。

《正确处理人民内部矛盾》是毛泽东坚持实事求是思想路线的又一代表作，它冲破了斯大林"无矛盾论"思想的束缚，发展了马克思主义矛盾学说，时至今日仍然闪耀着耀眼的光辉。需要指出的是，虽然由于复杂的原因，毛泽东不久就偏离了他在八大前后探索的正确轨道，犯了严重的错误，但他所作的"走自己的路，以建设社会主义强大国家"的努力，以及所取得的成果，成为后来探索中国特色社会主义道路的源头活水，具有不可磨灭的历史功勋。

第三节　建国后毛泽东对实事求是的背离

建国初期，毛泽东领导全国人民卓有成效地进行社会主义改造和社会主义道路的初步探索。然而，随着社会主义建设的进一步展开，毛泽东在我国社会主义建设呈现的勃勃生机中开始追求建设规模和建设速度的飞跃。这就脱离了我国发展的实际，背离了实事求是思想，因此给我国社会主义建设造成了困难。

一、苏共二十大

苏联共产党第二十次代表大会于1956年召开，是苏联历史乃至国际共产主义历史的一个重要转折点。会上主要批判了对斯大林的个人崇拜，指出斯大林主义的错误，还提出"三和"的新理论，对世界形势产生了重大的影响。

苏共二十大最重要的内容，就是批判个人迷信和斯大林，这也是苏联"后斯大林时代"的头等大事，震惊了世界，也造成了极其重要的影响和后果。

在苏共二十大的正式议程中，批判个人迷信和斯大林并不显著。赫鲁晓夫在宣布大会开幕后还说："国际共产主义运动在苏共十九大后失去了杰出的领袖斯大林。"他甚至还提议代表们为斯大林默哀。其在大会的总结报告中，也只是笼统地批判了个人迷信而没有直指斯大林。他说，苏共"坚决反对和马克思主义不兼容的个人迷信，因为个人迷信把这个或那个活动家变成创造奇迹的英雄，而缩小了党和群众的作用，降低了他们的创造积极性。个人迷信流行的结果就是降低了党的集体领导作用，优势给我们的工作带来了严重的损失"。

然而在1956年2月25日，即苏共二十大的最后一天凌晨，赫鲁晓夫却将代表们紧急召集到会议大厅，作了一份长达四个半小时的题为《关于个人迷信及其后果》的"秘密报告"，在报告中历数斯大林的七大错误，即个人迷信、破坏法治、发动大清洗、卫国战争中的指挥错误、决策失误导致民族对立和南斯拉夫破裂、经济政策导致了苏联农业落后、实行个人独裁，全盘否定了斯大林，揭露了很多苏共和国际共产主义运动的负面情况。

在苏共二十大的总结报告上，赫鲁晓夫针对当时的国际形势，提出了"三和"理论，即"和平共处"，"和平竞赛"，"和平过渡"。

受到苏共二十大的影响，1956年当年就发生了波兹南事件和匈牙利事件，死伤上千人。

苏共二十大是苏联历史上一个重大的转折点，赫鲁晓夫的秘密报告，全盘否定斯大林。对这一事件毛泽东最初的感受喜忧参半。对于全盘否定斯大林，他很不赞成，担心由此会带来一系列严重后果。但是，毛泽东也意识到苏共二十大有积极的一面，就是打破了神话斯大林和苏联模式的教条主义禁锢，使人们意识到苏联的社会主义也不是那么完美，对社会主义的认识远没有终结，各国的社会主义如何搞还有待于在实践中探索。毛泽东更加深刻思考"以苏为鉴"建设社会主义的道路问题。但中国社会主义的实践才刚刚起步，在很短的时间里我们没有多少成功的经验或失败的教训可以借鉴。因此，毛泽东在构思中国社会主义大厦蓝图时只能借助于战争年代的经验和中国自古以来"天下为公"的思想，以及并非完全准确的马克思主义著作中关于社会主义的猜测。在这种历史局限性面前，即便像毛泽东这样伟大的人物也会在实践中出现差错。

二、反右斗争扩大化

1956年11月召开的中国共产党八届二中全会，决定从1957年起开展党内整风运动。1957年4月27日，中共中央公布《关于整风运动的指示》，决定在全党进行一次以正确处理人民内部矛盾为主题，以反对官僚主义、宗派主义和主观主义为内容的整风运动，发动群众向党提出批评建议。这是发扬社会主义民主，加强党的建设的正常步骤。广大群众、党外人士和广大党员积极响应党中央的号召，对党和政府的工作以及党员干部的作风提出了许多有益的批评、建议。但也确有极少数资产阶级右派分子乘机向共产党和新生的社会主义制度发动猖狂进攻，妄图取代共产党的领导。

针对这种情况，1957年5月15日毛泽东撰写了《事情正在起变化》一文，要求认清阶级斗争形势，注意右派的进攻。6月8日，中共中央发出《关于组织力量准备反击右派分子进攻的指示》，同日，《人民日报》也发表了《这是为什么？》的社论。从此，开始了大规模的反击右派的斗争。在当时的形势下，对极少数资产阶级右派分子的进攻进行反击是正确的、必要的，这对于分清大是大非，稳定新建立起来的社会主义制度具有重要意义。但是，由于对1957年春夏的国内阶级斗争形势估计得过于严重，又采取了大鸣、大放、大字报、大辩论的形式，在全国开展了一场群众性的政治运动，致使反右运动被严重扩大化了。

这次整风运动没有完全达到正确处理人民内部矛盾和反对官僚主义、宗派主义和主观主义的目的。主要原因是党在指导思想上偏离了实事求是的正确轨道，犯了"左"的错误。由于对当时阶级斗争的形势估计过于严重，混淆了两类矛盾，不适当地肯定了所谓"四大"的形式，采取了一些错误的策略和政策，结果犯了严重扩大化的错误，把一大批勇于思考、关心党的事业并富于才华的党员、干部与知识分子错划为右派分子，误伤了许多同志和朋友，使他们受到长期的委屈与压抑，不能在社会主义的建设中发挥应有的作用。这既是个人的不幸，也是整个国家的不幸。这次教训告诫我们，必须认清社会主义制度建立后的形势和任务，坚决把党的工作重心由阶级斗争转变到经济建设上来；必须严格区分两类不同性质的矛盾，发扬民主，健全法制，保证党和国家的民主生活正常进行。

三、大跃进

1958年5月，中共八大二次会议，正式通过了"鼓足干劲、力争上游、多快好省地建设社会主义"的总路线。会议提出要使中国在15年或更短的时间内，在主要工业产品产量方面在十年内超过英国、十五年内赶上美国（所谓"超英赶美"）。毛泽东号召大家要破除迷信，解放思想，发扬敢想、敢说、敢干的精神。

由于对社会主义经济发展规律和中国经济的基本情况认识不够，进行社会主义建设经验不足，加之毛泽东等人在胜利面前滋长了骄傲自满情绪，急于求成，夸大主观意志和主观努力的作用，因而在社会主义建设总路线提出之后，没经过认真的调查研究，就轻率地发动了"大跃进"运动。

"大跃进"运动，在生产发展上追求高速度，以实现工农业生产高指标为目标。要求工农业主要产品的产量成倍，几倍、甚至几十倍地增长。例如，提出钢产量1958年要比1957年翻一番，由335万吨达到1070万吨，1959年要比1958年再翻番，由1070万吨达到3000万吨。粮食产量1958年要比1957年增产80％，由3900亿斤达到7000亿斤左右，1959年要比1958年增产50％，由7000亿斤左右达到10500亿斤。

"大跃进"运动在建设上追求大规模，提出了名目繁多的全党全民"大办"、"特办"的口号，例如，全党全民大炼钢铁，大办铁路，大办万头猪场，大办万鸡山。在这样的目标和口号下，基本建设投资急剧膨胀，三年间，基建投资总额高达1006亿元，比一五计划时期基本建设总投资几乎高出一倍。积累率突然猛增，三年间平均每年积累率高达39.1％。由于硬要完成那些不切实际的高指标，必然导致瞎指挥盛行，浮夸风泛滥，广大群众生活遇到了严重的困难。

八大二次会议后全国形成了全民大炼钢铁的高潮。1958年底，全国为满足毛泽东的意愿，把钢产量比1957年翻一番，提出"以钢为纲"的口号，号召全民炼钢。但由于技术不合规格，只是炼出大量的废铁，造成极大的浪费。炼钢需要铁矿、焦炭、燃料等材料，由于铁矿不足，于是全民不下田耕作，全都上山采矿，使粮食产量大减，还去把家里的铁器丢到炉火中，却炼成一个个的铁疙瘩。由于燃料不足，只好上山伐林，把一座又一座青山砍得光光，引发日后的天灾。其实这些天灾都是人为的。传闻增城挂绿荔枝树在此劫中大部分被砍去了。由于建造高炉的建筑材料不足，甚至把文物建筑拆了，把砖块拿去建炉，还说文物也要为炼钢服务。

1958年11月至1959年7月间，毛泽东和中共中央曾努力纠正已经觉察到的错误，采取了一系列措施压低1959年的工农业生产指标。八届八中全会错误地批判所谓彭德怀右倾反党集团，及随后全党展开"反右倾"斗争，使纠正错误的努力中断，而党内"左"倾错误更加发展。1960年提出要长期保持"大跃进"，继续要求工农业生产达到不切实际的高指标，对1959年上半年压缩指标进行不公正的指责，一味强调反对右倾，要把干劲鼓足。在各地粮食告急的情况下，还不断追加基建投资、追加基建项目，钢年产量指标一吨也不能少。高指标、瞎指挥、浮夸风又再度全面地泛滥起来。从1958年"大跃进"开始的三年"左"倾冒进导致了国民经济比例的大失调，并造成严重的经济困难。

四、农业战线上的高产"卫星"

1958年7月份，从农业战线传来喜讯，各媒体先后刊登湖北省长风农业生产合作社，早稻亩产15361斤，放了一个大"卫星"。随即农业部公布夏粮产量同比增长69%，总产量比美国还多出40亿斤。亩产万斤粮的消息见报后，在社会上引起了很大的轰动。人们都在议论纷纷，有的人不相信自己的眼睛和耳朵，是否看错了、听错了？

榜样既出，各地纷纷效仿。之后，各地区抓农业的领导干部，亲自抓"试验田"。到了秋收季节，亩产万斤粮的报道，便接踵而来，比比皆是。更有甚者，亩产不仅能够产万斤粮，而且还能够产十万斤粮。1958年10月1日《天津日报》报道，天津市的东郊区新立村水稻试验田，亩产12万斤，并称在田间的稻谷上可以坐人，让群众参观。到了10月8日和10日两天，《天津日报》又分别报道天津市双林农场"试验田"，亩产稻谷126339斤的特大消息，一时轰动全国，可称得起亩产之最了，真可谓压倒群雄独领风骚了。新立村的"试验田"，毛泽东主席亲自视察过，既然是领袖肯定的事情，因此，在全国也就名声大噪了。

农业战线上的高产"卫星"不断升天，丰收的喜讯不断传来。徐水县在"大跃进"的过程中，曾经放了一亩地产山药120万斤、小麦12万斤、皮棉5000斤，全县粮食亩产2000斤等高产"卫星"。毛泽东主席在1958年8月4日到徐水县视察时，县委书记张国忠亲自向毛主席汇报，毛主席听后大加赞许。从此，徐水县这个名字响遍全国，一时成为"大跃进"的明星，各地的党政领导干部纷纷来到此处学习取经。进入县城时，首先映入眼帘的是巨大的标语口号，"共产主义是天堂，人民公社是桥梁"，"人有多大胆，地有多大产"。这些口号正是当时社会生活的真实写照。

五、农村人民公社化运动

1957年冬和1958年春，在国民经济"大跃进"思想的指引下，全国农村大搞农田基本建设，一些地方的农业生产合作社在修水库、造林、抗旱中搞起了大协作。1958年3月，党的成都会议制定了《关于小型农业合作社适当地并为大社的意见》的文件。会后，河南省遂平等县和信阳专区出现了小社并大社热潮，有的地方办起了人民公社。同年8月6日，毛泽东到河南新乡七里营人民公社视察，赞扬人民公社好。9日，毛泽东在山东同当地负责人谈话时说："还是办人民公社好，它的好处是可以把工、农、商、学、兵结合在一起，便于领导。"毛泽东的谈话在《人民日报》发表后，"人民公社好"的口号立即传遍全国。

8月27日，中共中央政治局在北戴河举行扩大会议，肯定了人民公社是"一大二公"，是过渡到共产主义的一种最好的组织形式，并作出了《中共中央关于在农村建立人民公社问题的决议》。会后，全国开始了人民公社化运动。到10月底，有74万个农业合作社改组成2.6万多个农村人民公社，参加人民公社的农户有1.2亿多个，占总农户的99%以上，全国农村基本上实现了人民公社化。

人民公社基本特征是：在组织机构方面"政社合一"；在生产资料所有制方面，"三级所有，队为基础"；在生产经营管理方面，由集体统一管理和经营，社员在集体经济组织的统一安排下劳动；在劳动报酬方面，主要实行按劳动工分分配的办法。在人民公社化运动中，许多地方混淆了全民所有制和集体所有制的界限，混淆了社会主义和共产主义的界限，刮起了一股"共产风"，严重侵犯了农民的经济利益，挫伤了集体和农民的积极性，破坏了农村生产力，使农业经济的发展遭到了重大损失。

六、人民公社公共食堂的兴起

1958年夏天，"大跃进"运动与日渐炎热的天气一样，如火如荼，进入高潮。在部分农村，人民公社已然有了雏形。一些地方热情很高，甚至直接宣布人民公社为全民所有制，可以作为"向共产主义过渡"的试点，所有个人财产和个人债务都一股脑儿"共了产"，分配上完全实行供给制。在这样的"共产风"背景下，作为人民公社建立的一项不可或缺的新生事物，公共食堂应运而生。

位于秦皇岛海边的北戴河，是中共中央领导人避暑和暑期办公地。8月，党中央在这里召开政治局扩大会议，通过了《关于在农村建立人民公社问题的决议》，把创办公共食堂等上升到新的高度："公共食堂、幼儿园、托儿所、缝衣组、理发室、公共浴室、幸福院、农业中学、红专学校，等等，把农民引向了更幸福的集体生活，进一步培养和锻炼着农民的集体主义思想。"

"吃饭不要钱，老少尽开颜；劳动更积极，幸福万万年。"这是当时人们对公共食堂的理解。媒体宣传也的确把大办公共食堂，上升为进一步解放劳动力，提高劳动生产率的有效措施。

既然是一项利国利民利集体的大好事，公共食堂的发展，就有了惊人的速度。广大农村一下子涌现出数以百万计的公共食堂。到了年底，全国共办农村公共食堂340多万个，在食堂吃饭的人口占全国农村总人口的90%。

当时有媒体专门针对如何办好公共食堂发表文章，提出饭菜要多样化，粗细搭配，有干有稀，菜要多种，有菜有汤，尽量免费供应酱油、醋、葱、蒜、辣椒等调味品。要注意改善伙食，争取每月吃两三次肉，每逢节日会餐。食堂要讲究卫生，要有自己的蔬菜基地，对年老社员、儿童、病员、孕产妇应在饮食上适当照顾，要利用旧有房屋改建饭厅或尽可能地新建简易饭厅。

公共食堂为广大农民勾勒出了梦想家园的美景，吃饭不限量，吃菜不重样。在人们的概念里，只有"放开肚皮吃饭"，才能"鼓足干劲生产"。但一下子有这么多人"放开肚皮吃饭"，一时间又能到哪里去找可供填满那么多肚皮的下锅米和烧饭柴啊？于是，不少公共食堂便倾其所能，倾其所有。这样的状况实行不久，多数食堂已经寅吃卯粮了。

七、庐山会议

1959年7月2日—8月1日，党中央在江西庐山召开了政治局扩大会议，中央政治局委员和各省、市、自治区党委第一书记，中央、国家机关一些部门的负责同志参加了会议。这次会议的原定议题是总结经验教训，调整指标，继续纠正"左"倾错误。

毛泽东在会上讲了话，提出19个问题要求大家进行讨论。会议从7月3日至10日，按6个大区进行小组讨论。在讨论过程中，与会同志摆情况、谈意见、边开会、边学习，自由交谈，各抒己见，轻松愉快，生动活泼，没有一点紧张气氛，大家称之为"神仙会"。会上对如何估计国内形势问题产生了两种意见分歧，一部分同志认为农村食堂、供给制、"共产风"

等损害了农民的积极性，应从实际出发，认真总结1958年的经验教训；另一部分同志对于批评实际工作中的错误和缺点很不满，认为是泼冷水，是右倾。7月10日，毛泽东在组长会议上讲话，强调总路线是不会错的，并说"大跃进"和人民公社化运动中的缺点错误是一个指头和九个指头的问题。毛泽东讲话以后，会议继续分组讨论《庐山会议议定记录》，并准备在7月15日结束。

7月14日晚，国务院副总理兼国防部部长彭德怀元帅针对当时客观存在的问题，给毛泽东写了一封信，谈了自己不便在小组会上谈的想法，陈述了他对1958年以来"左"倾错误及其经验教训的意见（被称为万言书），信中首先肯定1958年大跃进的成绩是正确的；接着指出大跃进的问题所在，"1958年的基本建设，现在看来有些项目是过急过多了一些，分散了一部分资金，推迟了一部分必成项目，这是一个缺点"，"1959年不仅没有把步伐放慢一点，加以适当控制，而且继续大跃进，这就使不平衡现象没有得到及时调整，增加了新的暂时困难"，他直截了当地指出："浮夸风、小高炉，等等，都不过是表面现象；缺乏民主、个人崇拜，才是这一切弊病的根源。"

　　7月16日，毛泽东突然批示将彭德怀的信印发给与会全体同志，随后，会议转入对这封信的讨论，在小组会上，黄克诚、周小舟、张闻天等发言认为，信的总的精神是好的，表示同意彭德怀信中的意见；7月23日，毛泽东在大会上讲话，认为彭德怀的信表现了"资产阶级的动摇性"，是向党进攻，是右倾机会主义的纲领。从此，会议转为对彭德怀、黄克诚、张闻天、周小舟等的所谓"右倾机会主义"、"反党集团"问题进行揭发批判。

　　1959年8月2日—16日，在庐山召开了党的八届八中全会。出席会议的有中央委员75人，候补中央委员74人。中央有关部门和各省、市、自治区党委第一书记14人列席了会议。这次会议的议题：一是对彭德怀、黄克诚、张闻天、周小舟等进行批判；二是讨论调整1959年经济计划指标；毛泽东在会议期间作了多次讲话。

　　全会通过了《关于以彭德怀同志为首的反党集团的错误的决议》、《关于撤销黄克诚同志中央书记处书记的决定》、《为保卫党的总路线、反对右倾机会主义而斗争的决议》、《关于开展增产节约运动的决议》和《中国共产党第八届中央委员会第八次全体会议公报》；全会决定撤销彭德怀、黄克诚、张闻天和周小舟4人分别担任的国防部长、总参谋长、中央书记处书记、外交部第一副部长和湖南省委第一书记职务，但保留他们的中央委员、中央候补委员、政治局委员和政治局候补委员职务，以观后效。

庐山会议上，对彭德怀的错误处理实际上极大地败坏了党内长期存在的批评与自我批评的良好作风，助长了"一言堂"、家长制的风气，是对坚持实事求是思想的人士的一次巨大冲击，从这方面讲，庐山会议开了一个不好的头。

1965年秋，毛泽东在中南海最后一次接见彭德怀，对其承认"真理也许在你那边"、"我过去反对彭德怀同志是积极的，现在要支持他也是衷心诚意的"，让其担任西南三线建设副总指挥，彭德怀不计得失，来到四川成都赴任，兢兢业业参与三线建设工作。"文化大革命"爆发后，彭德怀再次惨遭批判、关押，于1974年11月29日含冤离世。四年之后，在1978年12月召开的中共十一届三中全会上，彭德怀获平反昭雪，恢复名誉。12月24日，在人民大会堂举行了他与陶铸同志的追悼大会。

八、七千人大会

1962年1月11日到2月7日，中共中央和北京召开了由县委书记以上七千多干部参加的扩大的中央工作会议，史称"七千人大会"。与会人数如此之多，空前绝后。更令人发生兴趣的，还在它本身蕴涵的丰富信息，以及之后历史的深远影响。

这次会议分为两个阶段：

第一阶段，从1962年1月11日到29日，主要是讨论、修改刘少奇代表中共中央所作的书面报告（第一稿）。这个"书面报告"未经中央政治局讨论，直接发给到会同志进行讨论和提意见，然后集中大家的意见写出第二稿。刘少奇27日向全体与会同志发出了经大会提意见后修改的"第二稿"，同时刘少奇作了补充说明。刘少奇在会上发出"三分天灾，七分人祸"的肺腑之言，指出中央和地方在最近几年提出的"人有多大胆、地有多大产"，把重视客观条件叫作"唯条件论"、"左"比右好等不正确的口号和提法，号召全党和各级领导干部发扬党的实事求是的优良作风，调查研究，充分发扬党内民主和人民民主，从实际出发来拟定政策、拟定计划，拟定措施。与会同志对"书面报告"第二稿和刘少奇的说明普遍表示满意，认为"说出了多年想说，没有说的话"。

第二阶段，从1月29日到2月7日会议闭幕。主要是发扬民主，"开出气会"，开展批评和自我批评。

毛泽东发现同志们还有很多话没有说完，在1月29日的大会上，号召发扬民主，"开出气会"，说："白天出气，晚上看戏，两干一稀，大家满意。"30日，毛泽东又指出，要健全党内的民主集中制，民主是集中的基础，没有民主就没有集中，并重申要对批判和处分错了的党员、干部进行甄别平反。同时，毛泽东作了自我批评，并承担了责任，说"凡是中央犯的错误，直接的归我负责，间接的我也有份，因为我是中央主席。"

而林彪的发言却与其他人批评与自我批评的做法截然不同，他说，"事实证明，这些困难，恰恰是由于我们有许多事情没有按照毛主席的指示去做而造成的。如果按照毛主席的指示去做，都听毛主席的话，那么困难会小得多，弯路会弯得小些。"又说，"过去的工作搞得好的时候，正是毛泽东思想不受干扰的时候。凡是毛主席的思想不受尊重，受干扰时，就会出毛病。"

代表们讨论了毛泽东的讲话，认真地严肃地开展了批评与自我批评，中共中央和国家机关的负责同志，以及各省、市、自治区的负责同志都对工作中的缺点错误作了自我批评，并主动承担了责任。

2月6日，邓小平就党的工作问题讲了话。同时，代表中央书记处，对几年来工作中的缺点错误，作了自我批评，也承担了责任。

2月7日下午，周恩来在全体会上讲话，详细分析了当时的经济形势，说明了国内经济的严重情况，提出了克服这些困难的主要办法。同时，从国务院工作的角度作了自我批评，对几年来的问题承担了责任。周恩来讲话后，会议正式闭幕。

这次大会，在对形势的分析和对造成困难的主要原因的认识上，以及对工作中的成绩和缺点错误的估计等问题上，中央领导核心中的分歧并未解决，特别是林彪在大会上发表了别有用心的讲话。因此，没能从根本上纠正"左"的指导思想，也未能给彭德怀等人平反。对几年来工作中的缺点错误以及初步总结出来的经验教训，也是在肯定"大跃进"运动、农村人民公社化运动的前提下讲缺点错误的。但是，这次大会有7000人参加，它的规模之大是党的历史上前所未有的，它对纠正党在实际工作中"左"的错误，坚决贯彻执行"八字方针"，促进国民经济的恢复和发展，还是起了重大作用的。它在党的建设方面，发扬党内民主，开展批评与自我批评，克服不良作风等都有很好的影响。

九、"文化大革命"

1966年5月至1976年10月的"文化大革命"，使党、国家和人民遭到建国以来最严重的挫折和损失。这场"文化大革命"是毛泽东发动和领导的。他的主要论点是：一大批资产阶级的代表人物、反革命的修正主义分子，已经混进党里、政府里、军队里和文化领域的各界里，相当大的一个多数的单位的领导权已经不在马克思主义者和人民群众手里。党内走资本主义道路的当权派在中央形成了一个资产阶级司令部，它有一条修正主义的政治路线和组织路线，在各省、市、自治区和中央各部门都有代理人。过去的各种斗争都不能解决问题，只有实行"文化大革命"，公开地、全面地、自下而上地发动广大群众来揭发上述的黑暗面，才能把被走资派篡夺的权力重新夺回来。这实质上是一个阶级推翻一个阶级的政治大革命，以后还要进行多次。这些论点主要出现在作为"文化大革命"纲领性文件的《五一六通知》和中共"九大"的政治报告中，并曾被概括为所谓"无产阶级专政下继续革命的理论"，从而使"无产阶级专政下继续革命"一语有了特定的含义。

毛泽东发动"文化大革命"的这些"左"倾错误论点，明显地脱离了作为马克思列宁主义普遍原理和中国革命具体实践相结合的毛泽东思想的轨道，必须把它们同毛泽东思想完全区别开来。至于毛泽东所重用过的林彪、江青等人，他们组成两个阴谋夺取最高权力的反革命集团，利用毛泽东的错误，背着他进行了大量祸国殃民的罪恶活动，这完全是另外一种性质的问题。

"文化大革命"的历史，证明毛泽东发动"文化大革命"的主要论点既不符合马克思列宁主义，也不符合中国实际。这些论点对当时中国阶级形势以及党和国家政治状况的估计，是完全错误的。

其一，混淆是非。"文化大革命"中许多坚持马克思主义原理和社会主义原则的东西，包括毛泽东自己过去提出或支持过的正确的东西，被当作修正主义和资本主义加以批判。实际上，"文化大革命"否定了建国以来17年大量的正确方针政策和成就，这实际上也就在很大程度上否定了包括毛泽东自己在内的中共中央和人民政府的工作，否定了全国各族人民建设社会主义的艰苦卓绝的奋斗。

其二，混淆敌我。"文化大革命"中被打倒的"走资派"，是从中央到地方各级领导干部，是建设社会主义的中坚力量。党内根本不存在所谓以刘少奇、邓小平为首的"资产阶级司令部"。历史已经证明，刘少奇的所谓"叛徒"、"内奸"、"工贼"的罪名，完全是林彪、江青等人的诬陷。八届十二中全会对刘少奇所作的政治结论和组织处理，是完全错误的。"文化大革命"对所谓"反动学术权威"的批判，使许多有才能、有成就的知识分子惨遭迫害。"知识越多越反动"的口号，误导了一大批民众，败坏了社会风气。

其三，脱离群众。运动开始后，党的各级组织普遍受到冲击并陷于瘫痪、半瘫痪状态，党的各级领导干部普遍受到批判和斗争，广大党员被停止了组织生活。"文化大革命"初期被卷入运动的大多数人，是出于对毛泽东和党的信赖，但随着运动深入，他们对党的各级领导干部遭到残酷迫害感到困惑，逐步对"文化大革命"采取怀疑观望以至抵制反对的态度，许多人因此也遭到了程度不同的打击。运动中一些阴谋分子、投机分子、野心分子借可乘之机，被委以重任，更加肆无忌惮地迫害干部与群众。

其四，实践证明，"文化大革命"不是也不可能是任何意义上的革命或社会进步。它根本不是"乱了敌人"而只是乱了自己，因而始终没有也不可能由"天下大乱"达到"天下大治"。在中国，在人民民主专政的国家政权建立以后，尤其是社会主义改造基本完成、剥削阶级作为阶级已经消灭以后，虽然社会主义革命的任务还没有最后完成，但是革命的内容和方法已经同过去根本不同。对于党和国家肌体中确实存在的某些阴暗面，当然需要作出恰当的估计并运用符合宪法、法律和党章的正确措施加以解决，但决不应该采取"文化大革命"的理论和方法。在社会主义条件下进行所谓"一个阶级推翻一个阶级"的政治大革命，既没有经济基础，也没有政治基础。它必然提不出任何建设性的纲领，而只能造成严重的混乱、破坏和倒退。历史已经判明，"文化大革命"是一场由领导者错误发动，被反革命集团利用，给党、国家和各族人民带来严重灾难的内乱。

第四章 重新确立实事求是的思想路线

粉碎"四人帮"后，邓小平以极大的政治勇气和理论勇气反对"两个凡是"的错误方针，坚决支持并有力推动了真理标准问题的大讨论，通过思想启蒙为党的实事求是思想路线的重新确立奠定了思想基础和群众基础。在之后召开的中央工作会议闭幕会上，邓小平作了题为《解放思想、实事求是，团结一致向前看》的重要讲话。这篇讲话，实际上成为十一届三中全会的主题报告。邓小平在讲话中深刻阐明了党的实事求是思想路线的意义，成为我国改革开放的宣言书。

第一节 真理标准问题大讨论

1976年，是不平凡的一年。当共和国迈进第27个年头的时候，饱受十年"文化大革命"之苦的中国人民，从这一年的年初开始，就又经历了几上几下大悲大痛的感情上的剧烈撞击。可是无情的历史似乎又作了有情的安排，竟以一个让人心大快、举国若狂的大喜结局，结束了这不幸而又大幸的一年。

一、粉碎"四人帮"

1976年9月9日，中共中央主席毛泽东逝世，全党、全军、全国各族人民沉浸在极度悲痛之中。但江青一伙反革命集团却迫不及待地加紧篡党夺权的阴谋活动。他们以中共中央办公厅的名义，通知要求各省、市、自治区，在此期间发生重大问题要及时向他们报告，企图切断中央政治局与各省市、自治区党委的联系，由他们指挥全国。不过这伙过高估计自己的小人，所采取的行动显得十分愚蠢。徐焰在《中南海往事追踪报告》中记载了粉碎"四人帮"的经过：

1976年9月9日毛泽东去世后一个多小时，凌晨2时许中央政治局在202楼住地召开紧急会议，讨论治丧问题。江青在会上大哭大闹，说毛主席是被邓小平气死的，要求政治局继续批邓并立即作出开除邓小平党籍的决定。江青闹得很厉害，致使会议无法继续讨论问题。后经与会大多数政治局同志的抵制，

107

一致认为治丧问题是当务之急，会议才没有讨论江青提出的问题。

毛泽东去世第二天，9月10日王洪文背着中央政治局和华国锋，在中南海紫光阁擅自开设"中央办公厅值班室"，并以中央办公厅的名义通知各省、市、自治区党委，在毛主席吊唁期间各省市发生的重大问题，要及时报告；有些解决不了的、需要请示的问题，要及时请示。各省、市、自治区的报告和请示，要直接找被指定的值班人员（王洪文的秘书）。湖南省委书记张平化认为情节可疑，便立即打电话报告了华国锋。经汪东兴查明情况上报，华国锋、叶剑英两位副主席同中央政治局多数同志通了气，对王洪文不经其他中央负责人同意便向全国擅自发令极感震惊，并立即采取两点紧急措施：

一是以中央政治局的名义通知王洪文，立即关闭未经中央同意开设的"中央办公厅值班室"。

二是以中共中央的名义打电话通知各省、市、自治区党委和军队系统，凡重大问题，均应向以华国锋同志为首的党中央请示报告。

9月17日下午，中央政治局常委扩大会在人民大会堂新疆厅召开。会议一开始，江青便抢先提出将主席所有的文件、手迹、文稿及各种材料的清理保管工作统统交毛远新负责，遭到汪东兴反对。

华国锋和叶剑英两位副主席也相继明确表示，同意将毛主席处的文件、手迹、文稿以及各种材料，按惯例仍由中央办公厅负责清理和保管。

10月2日，王洪文私拍"标准相"114张，并从21张8寸样片中选了标准相，指令按周恩来标准像的样子进行7次修改。原来，"四人帮"已经排定夺权后的"座次"名单，以江青当党的主席，王洪文当第一副主席兼军委主席，张春桥当总理，姚文元当委员长。所以他们抓紧时间，纷纷抢拍个人标准相和"历史性"合影。

在"四人帮"加紧夺权的叫嚣时，叶剑英等老一辈领导人的除妖准备也进入最后时刻。

10月2日下午和晚间，叶剑英、汪东兴分别单独去了华国锋在东交民巷的住地，在华国锋办公室讨论如何解决"四人帮"的问题。汪东兴向中南海负责警卫的领导们交代了抓捕任务，到会者都十分兴奋，他们马上研究一个方案，确定要把

"四人帮"一网打尽。

在这个方案中确定，解决"四人帮"的顺序是：在怀仁堂解决王洪文和张春桥两个人的问题之后，再依次分别处置江青和姚文元。毛远新与"四人帮"区别对待，对他采取的处理方法是就地监护审查。在这个行动方案中，还对行动时间、力量的组织、隔离地点、保密措施、战备预案以及同北京卫戍区的分工和配合问题，都提出了具体明确的实施细则。

这次行动，已经超出了党内斗争的范畴，因为江青一伙人登上高位本身就是违反党的组织程序的反常结果，自然也无法用正常的党的组织手续来解决他们。何况这伙人在上海还掌握"第二武装"，并紧张地准备暴力夺权。当时唯一的办法，就是抓捕"四人帮"。

粉碎"四人帮"这一壮举，从思想酝酿，到定下决心，直至策划行动方案，运筹的全过程都在高度警惕、绝对保密、铁的纪律等一系列措施下进行的。就是最高决策者华国锋、叶剑英、汪东兴也是遵纪行事，独来独往，当面约见，个别交谈。在此期间，他们三个人，从未同时会面共同商讨过。

二、华国锋与"两个凡是"

1976年，是让人永生难忘的一年。这一年发生的几件震撼人心的大事将永载史册。

1月8日，人民敬爱的周恩来总理逝世了，全国上下一片悲痛。清明节前后，北京百万群众自发到天安门广场吊唁周恩来总理。随后被"四人帮"镇压，宣布"四五"天安门的群众行动为"反革命事件"。同时，在1975年重新主持中共中央和国务院工作的邓小平，被"四人帮"诬为天安门事件的幕后黑后台，宣布撤销邓小平的一切职务；

7月6日，共和国的又一伟人朱德委员长逝世；

7月28日，河北省唐山丰南发生强烈地震，死亡群众超过24万人，一个新兴的工业城市被毁于一旦；

9月9日，中国人民的伟大领袖、中华人民共和国的缔造者毛泽东主席逝世；

10月6日，为全国人民深恶痛绝的江青、王洪文、张春桥、姚文元"四人帮"，被中共中央一举粉碎。

这一年的头十个月中，集中发生了一连串从极悲到极喜的大事，共和国所遭受的巨大变故是可想而知的。但历史终究还是要按自然规律继续延伸，正义始终掌握在人民的手中。粉碎"四人帮"后，全国人民欢欣鼓舞，一扫万里乌云。全国面临着百乱待治、百废待兴的局面，"问苍茫大地，谁主沉浮"，忧国忧民的普通百姓都在思索着、企盼着、等待着。

10月6日，中共中央对"四人帮"采取隔离审查行动以后，政治局旋即召开会议，通过华国锋任中共中央主席、中央军委主席的决定。在这之前，也就是在"四五"天安门群众行动被宣布为反革命事件的同时，由毛泽东提名，华国锋担任了中共中央第一副主席兼国务院总理的职务。

应该说，在粉碎"四人帮"这件事上，华国锋是立了功的。但是，当时若没有叶剑英、李先念等老一辈领导人对他的大力支持，向他献计献策，华国锋要下这么大的决心，采取坚决果断的行动，一举粉碎"四人帮"也是很难的。但他毕竟是为党为国家为人民做了件大好事，人民是感激他的。因此，当中共中央宣布这个决定后，全国人民都顺理成章地拥护他、爱戴他并寄期望于他。

遗憾的是，华国锋在掌握了党、政、军大任之后，并未像全国人民对他期望的那样，成为时代的先驱。相反，他把自己深深地圈在毛泽东巨人的影子里，借助于毛泽东作为中国人民革命领袖在全国人民群众中的崇高威望，来树立自己的威信。他把毛泽东生前说过的话，做过的事，作为他指挥、处理国家大事的最高准则，哪怕是经过实践证明是错误的也不更改，并据此提出"两个凡是"的思想方针，正是在他的错误思想指导下，中国陷入徘徊时期。

所谓"两个凡是"，即"凡是毛主席作出的决策，我们都坚决拥护；凡是毛主席的指示，我们都始终不渝地遵循"。这是1977年2月7日两报一刊《人民日报》、《解放军报》、《红旗》杂志在联合社论《学好文件抓住纲》中提出的。其实质是，对毛泽东的言论采取教条主义的态度，在总的方面把毛泽东在"文革"中说过的话、决定过的事情当作真理。实际上就是不承认毛泽东晚年所犯的错误，并坚持这种错误。

华国锋提出"两个凡是"的思想方针，绝不是思想上或理论上的一时失误，它是有深刻的历史根源和鲜明的针对性的。在整个"文化大革命"期间，从华国锋担任湖南省委书记开始，到后来调到中央工作，他都忠实地执行毛泽东晚年的

"左"倾思想路线。在特殊的历史条件下，被毛泽东提为接班人以后，更是按照毛泽东的威望和指示领导全国的工作。毛泽东逝世以后，他也只能仍然依靠毛泽东的权威，执行毛泽东的"既定方针"，来巩固和树立自己的政治地位和威望。因此，华国锋抛出"两个凡是"的思想方针，是一点也不足为奇的。

按照"两个凡是"的错误方针，恢复邓小平等老干部的工作和平反包括"天安门事件"在内的历史上的冤假错案工作将无法顺利进行；人们在思想上将无法摆脱教条主义和个人崇拜的束缚，从而难以从"无产阶级专政下继续革命"等错误思想中解放出来。谁来驾驭中国这只巨轮破冰前进？谁来担负开创中国社会主义未来新境界的重任？时代呼唤着他，人民呼唤着他。

三、全面整顿与第三次复出

"文革"初期，邓小平作为"党内第二号走资本主义道路的当权派、修正主义分子"一直被幽禁在中南海的住宅里。1969年至1972年，他被下放到江西省新建县拖拉机修造厂劳动。

　　邓小平在江西的日子，中国政坛发生了几件大事。1970年九届二中全会上，陈伯达篡党夺权的阴谋败露；1971年9月13日，林彪驾机叛逃摔死在蒙古的温都尔汗。邓小平得知后，上书毛泽东，拥护中央的决定，揭发林彪、陈伯达的罪行，并表示愿意工作的愿望。毛泽东并没有忘记邓小平，即使在"文革"初期，必须搬掉"刘邓路线"的时候，他也未将邓小平真正划到自己的对立面去。1972年1月，在陈毅的追悼会上，毛泽东深情地回忆起解放战争时期的刘邓大军，指出邓小平的问题属于人民内部矛盾。八个月后，毛泽东在邓小平的信上亲笔批示，指出邓小平在中央苏区是所谓的毛派分子，他没有历史问题，协助刘伯承打仗得力，有战功，进城后也做过一些好事。

　　毛泽东的批示，使苦撑危局的周恩来如获至宝。此时，他已被查出身患癌症，急需得力助手和接班人。于是，他和叶剑英一起推动邓小平复出的方案。1973年3月，中央政治局会议讨论并通过了《关于恢复邓小平同志党的组织生活和国务院副总理的职务的决定》。此时，正值四届人大召开前夕，中国的政治局面呈现出严峻之势。在这个关键时刻，1974年12月，周恩来不顾医务人员的劝阻，带着他与邓小平等人商定的人事安排方案和委托邓小平起草的《政府工作报告》初稿，飞赴长沙向毛泽东汇报。这一次，毛泽东和周恩来取得共识，他们共同选择了邓小平。于是，1975年1月5日，中央发出一号文件，任命邓小平为中央军委副主席兼中国人民解放军总参谋长；1月10日，中共十届二中全会选举邓小平为中共中央副主席、政治局常委；1月17日，四届人大一次会议任命邓小平为国务院第一副总理。这样，已七十出头的邓小平，再次承担起党和国家的重任，并由此开始了对"文化大革命"的全面整顿。

1975年邓小平领导的全面整顿，是一次全方位、立体化的系统过程。他从铁路整顿开始，随后在国防、科技、教育、文艺、理论等各个领域循序渐进、全面展开。邓小平之所以在国民经济中首先抓铁路运输，是经过深思熟虑的。自"文化大革命"发动以来，铁路系统成了名副其实的"老大难"。1966年冬，上海工人造反派头头王洪文，就因制造震动全国的"安亭事件"而一举成名。之后，在"全面内战"的几年里，一些重点铁路枢纽和路段一直处于瘫痪、半瘫痪状态。后来虽然采取了军事管制、军队护路等办法，但也只能治"表"，不能治

"本"。当时派性肆虐，一有风吹草动，一些造反派便在铁路作乱。1974年"批林批孔"以后，一些造反派重操"旧业"，造成徐州、南京、南昌等地铁路交通严重堵塞，直接影响津浦、京广、陇海、浙赣等重要干线的畅通。至1975年2月，全国铁路日装车量直线下跌，仅达到4.3万车，与实际需要相差1.2万车；而铁路上的各种事故更是惊人，1974年内共发生行车事故755件，是"文革"前1964年的8倍多！在中共中央作出《关于加强铁路工作的决定》（即中央九号文件）后，铁道部部长万里率工作组奔赴各地，对问题严重的路局进行重点整顿，集中力量打"歼灭战"。仅用一个多月时间，就使铁路运输这个"文革"以来的"老大难"问题迅速解决。到4月底，全国20个路局除个别地方外，均超额完成国家计划，日装车数达到历史最高水平，列车正点率也普遍提高。铁路工作的有效整顿，带动了整个工业生产的明显改观。

邓小平领导的全面整顿，为正处于崩溃边缘的中国国民经济注射了一支强心剂，使人民在动乱中看到了希望。这一年，国民经济迅速回升，全年工农业总产值比上年增长了11.9%。

邓小平以超人的胆识与魄力努力工作，显示了卓越的领导才能，并取得了举世瞩目的成绩，也赢得了党和人民的支持和爱戴。然而，随着全面整顿的不断深入，必然要系统纠正"文化大革命"的错误。邓小平被指为搞"右倾翻案风"，再次被撤销职务，1976年4月，再次在中国政坛消失了。

1976年10月6日，"四人帮"被粉碎了，邓小平第三次复出，创造了历史性的机遇和可能。随着"十月的胜利"，全党和全国人民渴望着党中央新的领导集体能解决两大问题：一是请邓小平重新出来工作，二是为天安门事件平反。1976年10月6日粉碎"四人帮"过后，叶剑英派儿子叶选宁去看胡耀邦。胡耀邦对叶选宁说："请帮我捎三句话给叶帅和华主席，一句是停止批邓，人心大顺；二句是冤案清理，人心大喜；三句是生产狠狠抓，人心乐开花。"

10月9日，叶剑英向华国锋提议："赶快让小平同志出来工作，恢复他原来的职务。"华国锋不同意。紧接着，在一次政治局会议上，叶剑英又正式提出这个问题，点名让小平同志出来工作。李先念马上表态支持叶帅的建议，说："同意！应该让小平同志尽快地出来工作。"华国锋仍然不表态。华国锋有他自己的主意。他是在特定的历史条件下掌握党、政、军的最高权力的，当务之急，是要借毛泽东的旗帜和威望来巩固自己的地位。先要在政治上稳住脚，就必须大搞对毛泽东和他本人的个人崇拜来树立自己的威信，也就必然要以维护"文化大革命"和毛泽东晚年的"左"倾错误观点为己任，表明自己是毛泽东的可靠接班人。他把广大干部群众强烈要求邓小平出来工作，为天安门事件平反，纠正"左"倾错误的呼声，很自然地看作是对他的严重挑战和威胁。

1977年3月中央工作会议前，会议开始，华国锋就给各组组长打招呼，说"有两个敏感问题：一个是小平同志出来工作的问题，一个是天安门事件平反的问题，希望各组讨论的时候不要触及"。华国锋在会上发表长篇讲话，继续维护"两个凡是"的观点，还指责那些不同意"两个凡是"的同志，说：确有少数同志对这个问题的极端重要性和严重性认识不足，甚至还有极少数同志政治上发生了动摇。还说，赫鲁晓夫丢掉了列宁、斯大林这两把刀子，我们要接受教训。

尽管如此，有些同志还是冲破了华国锋设置的禁区，触及这两个重要问题。最有影响的是陈云的书面发言和王震的发言。

陈云在发言中说："我认为当时绝大多数群众到天安门去是为悼念周恩来总理，邓小平与天安门事件是无关的。为了中国革命和党的事业的需要，让邓小平重新参加中央领导工作是完全正确的、必要的。"王震说："邓小平政治思想强，人才难得，这是毛主席讲的，周总理传达的。1975年，他主持中共中央和国务院的工作，取得了巨大成绩。他是同'四人帮'作斗争的先锋。'四人帮'千方百计地、卑鄙地陷害他。天安门事件是广大人民群众反对'四人帮'的强大抗议运动，是我们民族的骄傲，谁不承认天安门事件的本质和主流，实际上就是替'四人帮'辩护。"他们的发言，虽然受到华国锋等人的压制，不让登会议简报，却受到与会大多数同志的赞同。在广大干部和群众的强烈要求下，特别是在老同志的压力下，华国锋在会上不得不表示，"要在适当的时机让邓小平出来工作"，"群众在清明节到天安门，表示自己对周总理的悼念之情，是合乎情理的"。

当然，华国锋所谓的让邓小平出来工作是有条件的。他派人找邓小平谈话，明确提出邓小平出来之前要写个文件，写明"天安门事件是反革命事件"。邓小平拒绝了这一无理要求，他："我出不出来没有关系，但天安门事件是革命行动。"同年7月，中国共产党十届三中全会在北京召开。经过广大干部群众长达9个月（1976年10月至1977年6月）的斗争，终于在这次全会上一致通过恢复邓小平中共中央委员、中共中央政治局委员、常委、中共中央副主席、中央军委副主席、国务院副总理、中国人民解放军总参谋长的职务。对于历经风雨的邓小平来说，算是一次艰难的复出。尽管如此，十届三中全会这一迟到的组织决定，深深地体现了党内外广大干部群众的意愿，这对于彻底否定"文化大革命"及其以前的"左"倾错误观点，恢复党的马克思主义路线，对于时代的转换，具有重大的意义。

四、实事求是与"两个凡是"的较量

华国锋提出他的"两个凡是"观点后，立即受到邓小平、中央的许多老同志及全国人民的反对。1977年4月，邓小平在未恢复领导职务的情况下，率先从理论上反对"两个凡是"。他在给中共中央写的一封信中，针对"两个凡是"的错误方针指出："我们必须世世代代地用准确的、完整的毛泽东思想来指导全党、全军和全国人民，把党和社会主义事业，把国际共产主义运动的事业，胜利地推向前进。"5月3日，中共中央转发此信，肯定了邓小平的正确意见。5月24日，邓小平在同王震等的谈话时又说："前些日子，中央办公厅两位负责同志（汪东兴、李鑫）来看我，我对他们讲，'两个凡是'不行"，"毛泽东自己多次说过，他有些话讲错了。他说，一个人只要做工作，没有不犯错误的。又说，马恩列斯都犯过错误，如果不犯错误，为什么他们的手稿常常改了又改呢？改了又改就是因为原来有些观点不完全正确，不那么完备、准确嘛"。他强调，"我提出准确的、完整的毛泽东思想体系，不赞成'两个凡是'，是经过反复考虑的。这是能否坚持辩证唯物主义的重要理论问题"。

7月，在中共十届三中全会上，复出后的邓小平提出恢复党的实事求是的思想路线，这是对"两个凡是"的一个重大突破。虽然华国锋在会上仍坚持"文化大革命"的错误理论，坚持"以阶级斗争为纲"和"无产阶级专政下继续革命"，坚持"两个凡是"。邓小平在全会闭幕时，再一次强调要对毛泽东思想体系有一个完整的、正确的认识。并指出，毛泽东倡导的作风，群众路线和实事求是，这两条是最根本的东西，特别重要。

1977年8月，中国共产党第十一次全国代表大会召开，华国锋代表中共中央在大会上作政治报告。报告总结了同"四人帮"的斗争，宣告"文化大革命"已经结束，重申20世纪内把我国建设成为伟大的社会主义强国等内容外，仍错误地认为中共十大的政治路线和组织路线都是正确的，并高度赞扬"文化大革命"的所谓重大作用，认为我国这次"文化大革命"必将作为无产阶级专政史上的伟大创举而载入史册。报告把毛泽东晚年"左"倾思想的核心即所谓"党的基本路线"和"无产阶级专政下继续革命"的理论，说成是"当代马克思主义最重要的成果"，在阐述中国共产党当前和今后一个时期里抓纲治国的八项战斗任务时，强调以两个阶级、两条道路的斗争为纲。并且坚持认为，在整个社会主义历史阶段，始终存在无产阶级和资产阶级两个阶级的斗争，要巩固和加强无产阶级在上层建筑其中包括在各个文化领域的"全面专政"。报告根本不提"文化大革命"中我们党犯的严重"左"倾错误，并认定江青反革命集团推行的是一条所谓"极右的反革命修正主义路线"，因而我们党面临的任务是反右而不是反"左"。报告甚至宣布，"文化大革命"今后还要进行多次，要求全党继续贯彻毛泽东晚年的"左"倾理论观点。

针对上述情况，8月18日，邓小平在大会致闭幕词中强调，我们一定要恢复和发扬毛泽东为我们树立的实事求是、群众路线、批评和自我批评、谦虚谨慎、戒骄戒躁、艰苦奋斗的优良传统和作风，全心全意为中国人民和世界人民服务，恢复和发扬民主集中制的优良传统和作风，造成良好的政治局面。他号召全党、全军和全国各族人民高举和捍卫毛泽东思想伟大旗帜，为建设社会主义现代化强国而奋斗。这次大会，坚持"两个凡是"的错误思想虽然没有得到纠正，但是，要求恢复实事求是的优良传统和彻底纠正十年"文化大革命""左"倾错误的呼声是愈来愈高了。

五、真理标准问题大讨论

"文革"十年，中国经历了一场深重的灾难。"四人帮"的倒台，让从梦魇中醒来的人们看到了希望，也充满了期待。然而，中国要前进，就必须打破把毛泽东的话作为判断一切是非标准的神学信条，也就是说必须打破"两个凡是"的精神枷锁。

1977年3月的中央工作会议召开后不久，邓小平对前来看望他的中央办公厅的两位负责人说："两个凡是"不行。按照"两个凡是"，就说不通为我平反的问题，也说不通肯定1976年广大群众在天安门广场的活动"合乎情理"的问题。在1977年4月10日写给党中央的信中，他提出，"必须世世代代地用准确的、完整的毛泽东思想来指导我们全党、全军和全国人民"。所谓"准确"、"完整"，就是强调要把毛泽东思想作为一个科学的理论体系看待，强调着重掌握贯穿其中的科学观点和科学方法，而不是搞断章取义和"句句是真理"。"准确的、完整的毛泽东思想"概念的提出，为批判"两个凡是"提供了有力的理论武器。

在7月召开的中共十届三中全会上，恢复了邓小平的职务。他在全会闭幕时发言，进一步阐述了完整地、准确地理解毛泽东思想的问题，强调不能够只从个别词句来理解毛泽东思想，要善于学习、掌握和运用毛泽东思想的体系来指导我们的各项工作，这样才不至于割裂、歪曲毛泽东思想。

在毛泽东逝世一周年之际，聂荣臻、徐向前、陈云、张鼎丞等老一辈革命家纷纷撰文纪念。他们在文章中响应邓小平的主张，强调要用科学的态度对待毛泽东思想。聂荣臻指出：我们的一切正确思想，归根结底，只能从实践中来，从实际经验中来，并且必须回到实践中去，通过实践的检验。陈云也在文中写道：实事求是不是一个普通的作风问题，而是马克思主义唯物主义的根本思想路线问题。

全党都在思索如何冲破"两个凡是"的思想迷障，胡耀邦走在了最前沿。1977年3月，胡耀邦受命出任中央党校副校长。1977年底，在中央党校学习和工作的1000多名高中级干部为研究"文革"以来的党史问题时，提出了不少现实中和理论中的难题。胡耀邦听取汇报后，让大家解放思想，突破禁区，大胆研究。他提出两条原则："一个是完整、准确地运用毛泽东思想的问题，一个是实践是检验真理的标准问题。"

1978年4月，南京大学哲学系教师胡福明寄给《光明日报》的一篇理论文章《实践是检验一切真理的标准》，引起了新任总编辑杨西光的高度重视。他提议作者进一步修改，加强现实针对性，并约请正在写同一主题文章的中央党校理论研究室的孙长江及马沛文、王强华共同研讨修改。经过反复修改，由胡耀邦亲自审阅定稿后，5月10日，一篇名为《实践是检验真理的唯一标准》的文章在中央党校内部刊物《理论动态》上发表，第二天《光明日报》以"特约评论员"的名义公开见报。之后全国各大报纸纷纷转载。

文章深刻指出：社会实践不仅是检验真理的标准，而且是唯一标准。凡有超越于实践并自奉为绝对禁区的地方，就没有科学，就没有真正的马列主义、毛泽东思想，而只有蒙昧主义、唯心主义、文化专制主义。

显然这篇文章从理论上对"两个凡是"僵化思想路线给予了否定和批判。

一石激起千层浪。此文一经发表，即在党内外引起强烈的反响和热烈的讨论。邓小平率先对这场讨论给予了态度鲜明和强有力的支持。5月30日，他在同胡乔木等几位同志谈话时尖锐地指出，毛泽东思想最根本最重要的东西就是实事求是，而当时莫名其妙的是连实践是检验真理的标准都被人怀疑。之后，他在多个重要场合提出要打破精神枷锁，坚持实事求是的思想路线。

在邓小平等一批老同志的大力支持和极力推动下，一场关于真理标准大讨论在全国范围内蓬勃展开了。全国理论界、新闻界等纷纷举办关于真理标准问题的讨论会，在讨论中努力澄清大家在这个问题上的误区，激发大家敢于突破思想禁锢思考问题的巨大勇气和创新精神。与此同时，全国各省、市、自治区和大军区的主要负责人也纷纷表态支持"实践是检验真理的唯一标准"的观点。真理标准讨论的深入开展，使党和国家政治生活出现了喜人的生动局面，形成了自延安整风以来又一次伟大的思想解放运动。

第二节　十一届三中全会的召开前后

1978年12月召开的中国共产党十一届三中全会是中国历史上具有深远意义的伟大转折。全会认真地、全面地纠正了"文化大革命"中及其以前的"左"的错误，从指导思想上进行了拨乱反正，重新确定了马克思主义的思想政治路线和组织路线，确定了国民经济发展的新的指导方针。从而使我国的国民经济能够沿着一条新的正确的道路向前发展。

一、《解放思想，实事求是，团结一致向前看》

在十一届三中全会召开前夕，1978年11月10日到12月15日，召开了历时36天的中央工作会议。在中央工作会议上，党的许多老一辈革命家和领导骨干，对"文化大革命"结束后两年来党的领导工作中出现的问题提出了批评，对党的工作重点转移到经济、政治方面的重大决策，党的优良传统的恢复和发扬等，提出了建议。邓小平在会议闭幕式上作了题为《解放思想，实事求是，团结一致向前看》的重要讲话。

邓小平的讲话分为四个部分：

第一，解放思想是当前的一个重大政治问题。邓小平指出，一个党，一个国家，一个民族，如果一切从本本出发，思想僵化，迷信盛行，那它就不能前进，它的生机就停止了，就要亡党亡国。这是毛泽东在整风运动中反复讲过的。只有解放思想，坚持实事求是，一切从实际出发，理论联系实际，我们的社会主义现代化建设才能顺利进行，我们党的马列主义、毛泽东思想的理论也才能顺利发展。从这个意义上说，关于真理标准问题的争论，的确是个思想路线问题，是个政治问题，是个关系到党和国家的前途和命运的问题。实事求是，是无产阶级世界观的基础，是马克思主义的思想基础。过去我们搞革命所取得的一切胜利，是靠实事求是；现在我们要实现四个现代化，同样要靠实事求是。不但中央、省委、地委、县委、公社党委，就是一个工厂、一个机关、一个学校、一个商店、一个生产队，也都要实事求是，都要解放思想，开动脑筋想问题、办事情。

第二，民主是解放思想的重要条件。要创造民主的条件，要重申"三不主义"：不抓辫子，不扣帽子，不打棍子。在党内和人民内部的政治生活中，只能采取民主手段，不能采取压制、打击的手段。宪法和党章规定的公民权利、党员权利、党委委员的权利，必须坚决保障，任何人不得侵犯。要发扬经济民主的问题，地方和企业、生产队有更多的经营管理的自主权。要切实保障工人农民个人的民主权利，包括民主选举、民主管理和民主监督。不但应该使每个车间主任、生产队长对生产负责任、想办法，而且一定要使每个工人农民都对生产负责任、想办法。为了保障人民民主，必须加强法制。必须使民主制度化、法律化，使这种制度和法律不因领导人的改变而改变，不因领导人的看法和注意力的改变而改变。

第三，处理遗留问题为的是向前看。这次会议，解决了一些过去遗留下来的问题，分清了一些人的功过，纠正了一批重大的冤案、错案、假案。这是解放思想的需要，也是安定团结的需要。目的正是为了向前看，正是为了顺利实现全党工作重心的转变。邓小平指出，毛泽东在长期革命斗争中立下的伟大功勋是永远不可磨灭的。回想在1927年革命失败以后，如果没有毛泽东的卓越领导，中国革命有极大的可能到现在还没有胜利，那样，中国各族人民就还处在帝国主义、封建主义、官僚资本主义的反动统治之下，我们党就还在黑暗中苦斗。所以说没有毛主席就没有新中国，这丝毫不是什么夸张。毛泽东思想培育了我们整整一代人。没有毛泽东思想，就没有今天的中国共产党，这也丝毫不是什么夸张。毛泽东思想永远是我们全党、全军、全国各族人民最宝贵的精神财富。我们要完整准确地理解和掌握毛泽东思想的科学原理，并在新的历史条件下加以发展。当然，毛泽东不是没有缺点、错误的，要求一个革命领袖没有缺点、错误，那不是马克思主义。我们要领导和教育全体党员、全军指战员、全国各族人民，科学地、历史地认识毛泽东的伟大功绩。

第四，研究新情况，解决新问题。要向前看，就要及时地研究新情况和解决新问题，否则我们就不可能顺利前进。各方面的新情况都要研究，各方面的新问题都要解决，尤其要注意研究和解决管理方法、管理制度、经济政策这三方面的问题。在管理方法上，当前要特别注意克服官僚主义，学会用经济方法管理经济。在管理制度上，当前要特别注意加强责任制。在经济政策上，我认为要允许一部分地区、一部分企业、一部分工人农民，由于辛勤努力成绩大而收入先多一些，生活先好起来。一部分人生活先好起来，就必然产生极大的示范力量，影响左邻右舍，带动其他地区、其他单位的人们向他们学习。这样，就会使整个国民经济不断地波浪式地向前发展，使全国各族人民都能比较快地富裕起来。

这次中央工作会议，统一了全党的思想，为随即召开的十一届三中全会作了充分准备。邓小平的这篇讲话成了三中全会的主题报告，也被称为改革开放的宣言书。

二、十一届三中全会

1978年12月18日至22日，十一届三中全会胜利召开。这次具有里程碑意义的会议结束了粉碎"四人帮"之后两年中党的工作在徘徊中前进的局面，实现了建国以来党的历史的伟大转折。这个伟大转折，是全局性的、根本性的，集中表现在以下几个主要方面：

第一，全会实现了思想路线的拨乱反正。思想路线的拨乱反正是各方面拨乱反正的前提和先导。全会冲破了党的指导思想上存在的教条主义和个人崇拜，批评了"两个凡是"的方针，高度评价了关于真理标准问题的讨论，指出实践是检验真理的唯一标准是党的思想路线的根本原则，从而重新确立了马克思主义的实事求是的思想路线。会议在充分肯定伟大领袖毛泽东在我国长期革命斗争中的巨大作用的同时，着重强调要从科学体系上掌握和运用毛泽东思想，不能一切照搬照抄，不能搞"两个凡是"。

第二，全会恢复了党的民主集中制的传统。全会讨论并着重提出了健全社会主义民主和加强社会主义法制的任务。全会针对"文化大革命"及其以前党和国家政治生活遭到破坏的情况，指出：必须有充分的民主，才能做到正确的集中。在人民内部的思想政治生活中，只能实行民主方法，不能采取压制、打击手段。宪法规定的公民权利，必须坚决保障，任何人不得侵犯。为了保障人民民主，必须加强社会主义法制，使民主制度化、法律化，使这种制度和法律具有稳定性、连续性和极大的权威，做到有法可依，有法必依，执法必严，违法必究。

第三，全会作出了实行改革开放的新决策，启动了农村改革的新进程。全会在讨论华国锋总理提出的1979年、1980年两年的国民经济计划安排时，提出了要注意解决国民经济重大比例失调，搞好综合平衡的要求。全会还讨论了农业问题，认为农业这个国民经济的基础就整体来说还十分薄弱，只有大力恢复和加快发展农业生产，才能提高全国人民的生活水平。全会提出了当前发展农业的一系列政策措施，并同意将《中共中央关于加快农业发展若干问题的决定（草案）》等文件发到各省、市、自治区讨论和试行。这个文件在经过修改和充实之后正式发布，接着一些重要的农业方面的文件相继制定和发布施行，有力地推动了农村改革的进程。

第四，全会开始了系统地清理重大历史是非的拨乱反正。全会认真地讨论了"文化大革命"十年中发生的一些重大政治事件，也讨论了"文化大革命"前遗留下来的某些历史问题。会议肯定了1975年邓小平受毛泽东委托主持中央工作期间各方面工作取得的很大成绩，肯定了他和中央其他领导同志对"四人帮"干扰破坏进行的斗争，肯定了1976年4月5日天安门事件的革命性质，决定撤销中央发出的有关"反击右倾翻案风运动和天安门事件的文件"。会议审查和纠正了过去对彭德怀、陶铸、薄一波、杨尚昆等同志所作的结论，肯定了他们对党和人民的贡献。

十一届三中全会所作出的这些在领导工作中具有重大意义的转变，标志着中国共产党冲破了"左"倾的观念，端正了党的指导思想，使广大党员、干部和群众从过去的个人崇拜和教条主义中解放出来，在思想上、政治上、组织上全面恢复和确立了马克思列宁主义和毛泽东思想的正确路线，结束了1976年10月以来党的工作在徘徊中前进的局面，将党领导的社会主义事业引向健康发展的道路。

三、十一届六中全会

党的十一届三中全会以来，在思想上、政治上、经济上、组织上都取得了拨乱反正的巨大成就。但是，工作中还有失误和缺点，还有许多困难。

1981年6月27日至29日，中国共产党第十一届中央委员会在北京举行第六次全体会议。出席会议的中央委员195人，候补中央委员114人；有关方面负责人53人列席。会议的议程是：1.审议、通过《关于建国以来党的若干历史问题的决议》。2.改选和增选中央主要领导成员。会前，6月15日至25日，举行了预备会议，对这两项议程进行了认真的讨论。

29日，邓小平在全会闭幕会上讲话，指出：这次全会解决了两个问题，解决得非常好。一是关于建国以来党的若干历史问题决议，真正是达到了我们原来的要求。这对统一党内思想，有很重要的作用。二是人事问题。全会对两个重大问题采取重大决策，作出重大选择，是正确的。

全会一致通过了《关于建国以来党的若干历史问题的决议》（以下简称《决议》）。

《决议》肯定了毛泽东的历史地位和毛泽东思想。指出毛泽东是伟大的马克思主义者，是伟大的无产阶级革命家、战略家和理论家。他为我们党、国家、民族和人民建立了永远不可磨灭的功勋，为世界被压迫民族和人类进步事业作出了重大贡献。他的一生功绩远远大于过失。毛泽东思想是马克思列宁主义在中国的运用和发展，是被实践证明了关于中国革命的正确的理论原则和经验总结，是中国共产党集体智慧的结晶。它是党的宝贵的精神财富，它将长期指导我们的行动。

《决议》指出，建国32年来，我们取得的成就是主要的。建国以来的历史，总的说来，是我们党在马克思列宁主义、毛泽东思想指导下，领导全国各族人民进行社会主义革命和社会主义建设并取得巨大成就的历史。忽视错误、掩盖错误是不允许的；忽视或否认成就，忽视或否认取得成功的经验，同样是严重的错误。

《决议》实事求是地评价了建国32年来的功过是非，彻底否定了"文化大革命"。指出"文化大革命"的理论和实践都是完全错误的，它不是也不可能是任何意义上的革命或社会进步，而是一场由领导者错误发动，被反革命集团利用，给党、国家和各族人民带来严重灾难的内乱。毛泽东负有主要责任，但他的错误是一个伟大的无产阶级革命家所犯的错误。中国人民始终把他看作是自己敬爱的伟大领袖和导师。党和人民在"文化大革命"中同"左"倾错误和林彪、江青反革命集团进行了艰难曲折的斗争，使"文化大革命"的破坏受到了一定限制，并最终战胜了林彪、江青两个反革命集团。历史表明了人民的伟大、我们的党和社会主义具有伟大而顽强的生命力。《决议》科学地分析了"文化大革命"发生并持续十年之久的复杂的社会历史原因。

　　《决议》依据建国以来正反两方面的经验，特别是"文化大革命"的教训，对十一届三中全会以来党初步确立的适合我国国情的社会主义现代化建设的正确道路作了基本的总结。这条道路的主要点是：1. 在社会主义改造基本完成以后，我国所要解决的主要矛盾，是人民日益增长的物质文化生活的需要同落后的社会生产之间的矛盾。党和国家工作的重点必须转移到以经济建设为中心的社会主义现代化建设上来，大力发展社会生产力，并在这个基础上逐步改善人民的物质文化生活。2.社会主义经济建设必须从我国国情出发，量力而行，积极奋斗，有步骤分阶段地实现现代化目标。3. 社会主义生产关系的变革和完善必须适应生产力的状况，有利于生产的发展。4.在剥削阶级作为阶级消灭以后，阶级斗争已经不是主要矛盾。5. 逐步建设高度民主的社会主义政治制度，是社会主义革命的根本任务之一。6.社会主义必须有高度的精神文明。7.改善和发展社会主义民族关系，加强民族团结，对于我们这个多民族国家具有重大意义。8.在战争危险依然存在的国际条件下，必须加强现代化国防建设。9.在对外关系上，必须继续反对帝国主义、霸权主义、殖民主义和种族主义，维护世界和平。10.根据"文化大革命"的教训和党的现状，必须把我们党建设成为具有健全的民主集中制的党。

全会进行了中央主要领导成员的改选和增选。全会一致同意华国锋辞去党中央主席和中央军委主席职务的请求。通过无记名投票，选举：胡耀邦为中央委员会主席，赵紫阳、华国锋为中央委员会副主席，邓小平为中央军事委员会主席。中央政治局常务委员会由中央委员会主席和副主席组成。他们是：胡耀邦、叶剑英、邓小平、赵紫阳、李先念、陈云、华国锋，并增选习仲勋为中央书记处书记。

这次全会是继十一届三中全会之后我们党历史上又一次具有重大意义的会议，是一次总结经验、团结前进的会议，它以在党的指导思想完成拨乱反正的历史任务而载入史册。

四、思想路线

1982年9月召开的党的十二大通过的《中国共产党章程》明确指出:"党的思想路线是一切从实际出发,理论联系实际,实事求是,在实践中检验真理和发展真理。"

一切从实际出发,就是要运用马克思主义的立场、观点和方法,在研究中国实际中找出解决问题的办法,而不是从"本本"中寻找出解决中国问题的答案。中国目前最大的实际就是正处于并将长期处于社会主义初级阶段。我们不能脱离这个实际。第一,要尊重和承认客观事实,努力排除个人的主观随意性。第二,要全面地看问题,决不能只见树木不见森林,以偏概全。第三,要发展地看问题,绝不能静止地僵化地看问题。第四,要把现象当作入门的向导,通过去粗取精,去伪存真,由此及彼,由表及里的科学分析,揭示出事物的本质。

理论联系实际,就是运用马克思主义的理论指导实践,解决实际问题;在实践的基础上,创造新的理论,发展理论。必须做到:第一,重视理论指导实践的作用。坚持用马克思主义的立场、观点和方法指导实践，解决实际问题，使实践朝着正确的方向发展。第二，重视实践对理论的基础作用。任何理论都是在实践经验基础上形成的，实践是理论的源泉，离开了实践，理论就成为空中楼阁，失去了价值。第三，重视理论的创新。理论在与历史、现实的实际联系中，要进一步发展和创造出合乎中国需要的新理论。

实事求是，就是从客观实际出发，按照事物本来的面貌认识事物，并透过现象看本质，努力把握事物内在的联系和发展规律，从而做到主观与客观、理论与实践的统一。

在实践中检验真理和发展真理，就是一切科学的理论都是从实践中来，又回到实践中接受检验，这一过程往往要经过由实践到理论，由理论到实践的多次反复，才能够完成。首先，坚持理论要接受实践的检验。凡是经过实践多次的检验，证明是正确的基本理论，必须坚持用它来指导我们的行动。其次，坚持在实践中发展理论。当原有理论中某些结论同新的实践产生矛盾的时候，就不能以原有的某些结论来裁剪新的实践，而应该由实践赋予原有理论新的内容，敢于抛弃不合时宜的旧观念，以实践的发展来推进理论的创新。

第三节　从农村走向城市的改革

1978年的冬天注定是一个不平凡的冬天。就在十一届三中全会召开的前夕，1978年11月24日这天的太阳快要落山之际，在明代开国皇帝朱元璋的老家——安徽省凤阳县，小岗村的18户农民秘密聚会，作出了一个在当时有坐牢危险的大胆决定："分田单干，包产到户"。

一、小岗村的生死契约

中国的农村在1958年建立了人民公社制度，这种制度使农村普遍存在生产上的"大呼隆"、分配上的"大锅饭"。"文化大革命"的十年中，农村经济几乎崩溃，粮食产量一直在低水平上徘徊，农民收入微不足道，绝大多数农民难以维持温饱。粉碎"四人帮"以后的一段时间里，"左"的错误思想依然在延续。1976年12月10日至27日中共中央在北京召开了第二次全国农业学大寨会议。在党中央的号召下，全国掀起了学大寨的新高潮。然后，广大农民早已不满足于人民公社的管理体制，强烈要求改变贫穷落后的生活。在这种背景下，中国率先从农村开始进行改革。改革的起点是安徽凤阳县小岗村农民要求承包土地，推行联产承包责任制开始的。

1977年，万里（后任全国人大委员长）担任安徽省委书记，在他的支持下，安徽省农委经过反复调查后起草了《关于当前农村经济政策几个问题的规定》，并以省委文件名义于1977年11月15日在安徽全省农村工作会议上通过。这个文件被简称省委"六条"，主要内容是允许农民搞家庭副业，其收获的产品完成国家任务外，还可以到集市上出售。生产队可以实行定任务、定质量、定工分的责任制。

这可以说是粉碎"四人帮"后全国出现的关于农业生产责任制的第一份红头文件。这就为后来安徽农民自发搞"包产到户"壮了胆。

继安徽省的"六条"不久，四川省也制定了《关于目前农村经济政策几个主要问题的规定》，简称"十二条"，主要内容有：加强劳动管理，大力发展养猪事业，奖励发展耕地，允许和鼓励社员经营少量的自留地和家庭副业等，特别是肯定了四川农村不少地方已经实行的"定额到组、评工到人"的办法。

《人民日报》分别对安徽和四川的农村经济新政策作了报道。

1978年夏秋之交，安徽发生了百年不遇的特大旱灾。这对本来已十分贫穷的安徽农村，无异于雪上加霜。除长江、淮河外，全省绝大多数河川断流，土地龟裂，树叶凋落。由于秋季无收，秋后大批灾民离家乞讨，一片凄凉。面对此情景，1978年9月1日，安徽省委召开紧急会议研究对策。经过激烈争论和斗争，安徽省委作出了"借地种麦"的决定。将凡是集体无法耕种的土地，借给社员种麦种菜；鼓励多开荒，谁种谁收。这一大胆的决策极大地调动了广大农民的积极性，这一"借"诱发了农民"包产到户"的动因。

安徽凤阳县是明朝开国皇帝朱元璋的故乡，以凤阳花鼓出名。自从出了皇帝朱元璋，凤阳人讨饭就像凤阳花鼓一样，闻名全国。"说凤阳，道凤阳，凤阳本是好地方。自从出了朱元璋，十年倒有九年荒。"1967年1月至2月，凤阳有9900人外出要饭，沦为乞丐，到3月1日，更是达到18000人之多。1969

年3月，凤阳37%的农户由干部带队到外地要饭。1976年12月至1977年4月，凤阳仅861人外出乞讨所得就有22000元现金和8800公斤粮食，其收入大大超过他们过去一年在公社体制下出工不出力的"战天斗地学大寨"所得。1978年的特大灾荒，凤阳人更是"身背花鼓走四方"。与其说等着饿死，不如斗胆"包产到户"，哪怕为此坐牢也在所不惜。在这样的情况下，凤阳县梨园公社小岗生产队的农民，静悄悄地在旧体制下迈出了艰难的一步，闯入了"禁区"。

小岗全村共有20户人家（包括两户单身）、90多人、40多个劳动力，1100多亩土地。1978年10月，该队选出了以严俊昌、严宏昌任正副队长、严立学任会计的领导班子。新班子将全队划分为4个包干组，后又划分为8个小组，每组只有两三户，有的是父子和兄弟一个组，但仍是矛盾重重，人心不齐。这时不少老农主张分田到户，认为只有分田到户才能解决矛盾。1978年12月的一天夜里，小岗生产队18户没有外出的农民召开了一次秘密会议，决定实行包产到户，并赌咒发誓达成协议。以下是小岗生产队18户社员秘密签订的第一份包产到户的合同书，从内容来说，也可以说是生死契约。

1978年12月地点严立华家

我们分田到户、每户户主签字盖章、如以后能干、每户保证完成每户的全年上交和公粮不在（再）向国家要钱要粮如不成、我们干部作（坐）牢杀头也干（甘）心、大家社员也保证把我们的小孩养活到十八岁

严宏昌	关廷珠	关友德	严立苻	严立华	严国昌
严立坤	严金昌	严家芝	关友章	严学昌	韩国云
关友江	严立学	严俊昌	严美昌	严付昌	严家其
严国品	关友申				

紧接着，20个农民在保证书上按了手指印或图章（17个指印，3个图章）。这份保证书的标点符号不规范，都是打上一个点，可以说没有标点符号，还有几个错别字。他们连夜抓阄分牲畜，分农具并丈量土地，第二天早晨就分完了。

这份惊天动地的契约，现作为中国当代史的珍贵文物，收藏在中国国家博物馆，藏品号为GB54563。

小岗村的秘密还是很快被外面知道了。但小岗村顶住了巨大压力，并得以幸存下来。该年底，小岗生产队大丰收，全年粮食产量由原来的3万多斤一下子上升到12万多斤。这个自

农业合作化以来从未向国家交一斤粮食的"吃粮靠返销，花钱靠救济，生产靠贷款"的"三靠队"，1979年第一次向国家交了公粮，农副产品收入达47000元，平均每人400多元，还了贷款，这是小岗人做梦也想不到的事。

1979年1月24日，正当小岗农民在紧张不安地等待上级领导的表态时，万里来到小岗生产队。万里下车以后，二话没说，挨家挨户看了一遍，只见各家各户能装粮食的东西都装得满满的，有的屋里放不下，放到外面埋藏起来。万里看过以后，高兴地说："你们这样干，形势自然就会大好，我就想这样干，就怕没人敢干，你们这样干了，我支持你们。"当有的社员说现在有人批我们小岗"开倒车"时，万里表示支持。有的小岗农民听了万里的一番话，急忙回家炒花生。他们一面把炒好的花生送到客人面前，让大家共享丰收果实，一面一把一把地往客人的大衣兜里装。此景此情，万里感动得热泪盈眶。他语重心长地对随行的地、县负责人说："咱们不能再念紧箍咒了。"万里的话像一股暖流，注入小岗农民的心中。

然而，当时的争论是极为激烈的。我们看到，1978年12月十一届三中全会通过的《关于加快农业发展若干问题的决议（草案）》，放宽了农业政策，但仍明文规定"不许包产到户"。"包产到户"仍是一大"禁区"。1979年3月15日，《人民日报》头版头条发表了甘肃省档案局干部"张浩"的《"三级所有，队为基础"应当稳定》的读者来信。信中说，他最近到河南出差，在洛阳地区看到，不少县社正在或将要搞"包产到组"，下一步就要分田到户，认为这样做不得人心。《人民日报》对此加了编者按，认为此意见是正确的。立即，河南、安徽农民议论纷纷，凤阳县更是人声鼎沸。

但是，包产到组和部分包产到户的农民确实大大增加了农副产品的产量，农民的积极性不知不觉地得到了极大的调动。实践上的巨大成功和理论上的滞后形成了尖锐的矛盾。有人称这是"一场拔河比赛，一边是千军万马的农民，一边是干部"。但是新生事物是不可战胜的。

二、中国农村大变革

正当包产到户遇到种种阻力的关键时刻，邓小平站出来说话了。1980年5月31日，邓小平在《关于农村政策》中指出：农村政策放宽以后，一些适宜搞包产到户的地方搞了包产到户，效果很好，变化很快。这种变化不是自上而下的，也不是行政命令的，而是生产发展本身必然提出的要求。因此，不用担心搞包产到户会影响集体经济，现在农村工作的主要问题还是思想不够解放。

邓小平的重要讲话有力地支持和指导了农村的改革，彻底拨开了阻碍农村改革的重重迷雾，清除了一些人的恐惧心理，推动了包产到户的稳固和发展。1980年9月，中央印发了《关于进一步加强和完善农业责任制的几个问题的通知》，第一次公开接受包产到户的办法解决中国农村的贫困问题。

到1980年底，中国农村的收获情况是：仍然坚守在人民公社阵营里的产量不增不减。包产到组的地方增产10%—20%，包产到户的地方增产30%—50%。值得一提的是：陈永贵在这一年下半年被免去了国务院副总理的职务；还是在这一年，中国第一个大寨县山西省昔阳县（大寨人民公社所在县）连续5年虚报产量的丑闻被揭发出来，大寨黯淡了。而凤阳有幸，没有成为25年前因搞包产到户而被批判的浙江永嘉县，凤阳县委书记陈庭元也没有成为被批判开除党籍划为右派的永嘉县委书记李云河。凤阳成了取代大寨的新热点。

这时万里已离开安徽，奉调到北京主持农村工作。1982年1月1日，中共中央发布的《全国农村工作会议纪要》，正式承认包产到户和包干到户都是社会主义的，这就给农村干部和农民吃了定心丸。之后连续5年，每年的1月1日，中共中央都要发布关于农村工作问题的重要指示，进一步落实家庭联产承包责任制，使中国农村在短短的几年之内发生了翻天覆地的变化。所以后来有人写文章称赞万里，说他的一个历史性的重大贡献，就是从1982年到1986年连续5年每年领导制定一个一号文件，这5个文件把家庭联产承包责任制推向了全国，成为指导中国农村改革成功的一套重要的历史文献。而这5个重要的一号文件，具体是由当时中央农村政策研究室、国务院农村发展研究中心主任杜润生主持起草的。杜润生由此名声大噪，成为20世纪80年代中国最负盛名的农业经济和农村政策专家。

随着农业生产责任制在全国的推广，农民生产积极性得到极大提高，大量剩余劳动力和剩余资金涌现出来，几千年来自给自足的小生产方式受到了前所未有的冲击。由于家庭是独立经营的单位，农业分工的发展就首先从家庭内部分工开始了。剩余劳动力的出现，家庭多种经营的发展，使家庭内部相应分化出专门从事商品生产的专业人。随着农村多种经营的迅速发展，各种专业户像雨后春笋般地遍布广大的乡镇，中国农民终于开始挣脱黄土地的束缚，迈上了一个广阔的天地，出现了继土地经营权改革之后的又一重大改革，即产业经营权的改革，这就有了乡镇企业的异军突起。

为了配合农村改革的进行，国家在1983年开始实施撤销农村人民公社建立乡镇政府，撤销生产大队建立村民委员会的改革，原有社队企业归乡镇和村所有。到1985年，人民公社和生产队不复存在，取而代之的是全国61766个乡镇政府和847894个村民委员会，到1982年底，全国有80%的农民实行了包干到户，人民公社基本解体。在城乡经济环境日益宽松的情况下，一些地区逐渐出现了农民个人筹资和联合集资办企业的热潮，这使得乡镇企业迅速发展起来，成为我国农村经济体制改革过程中可以和家庭联产承包责任制的推行相提并论的奇观。乡镇企业大量地吸收农村的剩余劳动力和剩余资金，使农村的社会分工和商品经济发展得到进一步的巩固，同时又推动着我国农村改革的前进，促进农业生产从自给半自给的自然经济模式向更大规模的商品生产转化，从传统农业向现代大农业发展。中国农村开始向现代化迈进。

虽然农村乡镇企业的迅猛发展是邓小平始料未及的，但他对这一事物一直给予充分的肯定和支持。应该说，与国有企业相比，乡镇企业存在着一些缺点，如：缺少资金，缺少设备，缺少原材料，缺少科学技术。但它的优点是独立核算，自负盈亏，不吃大锅饭，不捧铁饭碗，竞争性较强；它投资少、费用低、自主性较强，容易吸收和消化科研成果；它容易适应市场的需要，转产快，产品出来周转快。正是依赖于这些优势，乡镇企业在广大农村奇迹般成长壮大起来。1987年，乡镇企业总产值首次超过农业。1988年乡镇企业总产值相当于1978年的全国社会总产值，达到6495亿元。这意味着在农村改革兴起的十年间，乡镇企业走完了新中国30年所走过的漫长历程。到1992年，乡镇企业已发展到2000多万家，亦工亦农的劳动者超过了1亿人。乡镇企业创造出来的产值在全国社会总产值比重中已是三分天下有其一了。

在乡镇企业发展壮大的同时，乡镇企业的技术改造和技术进步的步伐也逐渐加快，乡镇企业开始走向横向联合并向深度和广度发展。1985年5月，农业部召开的全国乡镇企业技术进步会议，对于提高乡镇企业的管理水平、技术水平、装备水平，推动乡镇企业实行现代化管理和全面提高企业整体素质起到了积极作用。特别是沿海开放地区乡镇企业，更是积极利用外资，引进技术和手段，涌现出一大批拥有先进技术与设备的骨干企业。通过联合引进了人才，引进了资金，创出了效益，为乡镇企业的全面发展注入了新的活力。更重要的是这种横向联合打破了城乡之间多年的壁垒，闯出了城乡一体、工农一体的局面，实现了中国特色工业化的一条新道路。

1990年6月3日，《中华人民共和国乡村集体所有制企业条例》正式颁布，这是国务院制定的第一部乡镇企业综合性的重要行政法规，是中国农村经济体制改革和法制建设的一件大事。它的颁布，不仅确立了乡镇企业在国民经济中的重要地位和法律主体资格，而且对于政府加强宏观管理，引导和保障乡镇企业健康发展提供了有力的法律武器。此后，全国乡镇企业根据国家宏观经济规划、产业政策、市场需求和效益原则，积极主动地进行了大量的卓有成效的调整工作。中国农村的改革和成功为中国经济的起飞、社会的发展奠定了基础，铺平了道路。

三、改革从农村走向城市

农村改革的成功，为城市经济体制改革提供了经验。1979年6月，国务院财经委员会成立了经济体制改革研究小组，经济理论工作者和实际工作者进行了调查研究。随后，城市经济体制改革就以扩大企业自主权为内容，逐步地在局部范围内开展起来。

城市改革虽已在1979年开始起步，但一直到1984年10月十二届三中全会以前，尚处于试点和探索时期。这期间，城市改革主要是围绕增强企业自主权和活力的企业机制改革而展开。承包制、责任制、租赁制、股份制等经营方式相继出现。与此同时，宏观管理体制的计划体制、价格体制、财政体制、金融体制、劳动制度、工资制度也进行了改革，各种商品市场开始形成和发展。

1978年10月，四川省就在宁江机床厂等6个企业进行扩权试点，从而拉开了城市经济体制改革的序幕。1979年初，四川省把扩权的试验扩大到100家，并制定了14条扩权试点办法。到1979年5月，国家经济委员会、财政部等6个部门在北京、天津、上海选择首都钢铁公司等8个企业进行扩权试点。通过扩权，试点企业拥有了部分计划权、部分销售权、部分资金使用权、部分干部任免权，等等。

企业扩权试点仅仅是改革的起步，为了将扩大企业自主权问题引向深入，1981年，国务院决定把企业改革的重点转向实行经济责任制。到1982年10月，全国80%的大中型企业实行了不同形式的经济责任制，使长期以来工业管理体制过分集中、统得过死的状况有所改变，并在一定程度上克服了企业吃大锅饭和平均主义的弊端，取得了良好的效益。到1983年，绝大部分国营工业企业和商业企业试行了各种形式的经营责任制。为了与扩大企业自主权和推行经济责任制相适应，在企业领导制度上也普遍推行了竞委领导下的厂长责任制，并在部分企业试行厂长责任制。

企业扩大自主权和实行经济责任制，只是对企业微观机制的调整，并没有从根本上解决企业的所有权和经营权问题，企业的生机和活力还没有从根本上得到体现。于是，改革僵化的社会宏观管理机制就成为全面改革的前提和基础。从1980年至1984年，中共中央主要在价格、信贷、劳动工资制度以及流通体制、财政管理体制和计划体制等方面进行了改革。

在价格方面，从1982年开始，国家大幅度提高了农副产品收购价格，调高了棉布价格和降低了化纤品价格，放开了500多种工业小商品价格，试行了部分工业品浮动价格，开始打破过去单一由国家定价的僵化局面，出现了国家定价、企业定价和自由定价三种作价方式，使价值规律在小商品领域中起到调控作用，为推动全面价格改革奠定了良好的基础。

在银行体制上，把部分基本建设投资由财政拨款改为银行贷款，将企业流动资金收归银行统一管理，实行差距利率和浮动利率。中国人民银行行使中央银行职能，恢复和设立了中国工商银行、中国农业银行、中国建设银行和中国银行等专业银行。

在工资制度上，先后恢复了奖金制度和计件工资制，取消了奖金封顶的办法，实行奖金超额累进征税，部分企业试行了职务工资、浮动工资、岗位津贴和自费工资改革。

在劳动人事制度方面，开始实行将劳动用工固定制改组为合同制的办法，公开招聘职工，实行职工社会统筹保险，等等。

在商业体制方面，针对过去国营商业独家经营，商品流通形式单一，流通环节过多，经营方式封闭，远不能适应社会需要的状况，进行了减少工业品计划管理品种，发展多种经济形式，实行多种购销方式，开辟多条流通渠道的"一少三多"改革，取消了几十种商品凭票供应办法，缩小了农副产品统购派购的品种，恢复了供销社的合作经济性质，开放农贸市场，增设商业网点，允许长途贩运。生产资料作为商品部分进入流通领域。

在财政体制上，为了调动地方的积极性，同时让地方分担国家财政发生的困难，从1980年起大部分省份改变了各种收入都层层上交中央财政，各种支出都层层向中央申请拨款的"统收统支"的财政体制，实行"划分收支、分级包干"的新体制，即划分中央与地方收入和支出的范围，再按照各省的情况确定地方上交比例和中央定额补助，一定5年不变，在这种体制下，地方超额完成计划和预算外自筹增加的收入，当地政府可以通过统筹使用，不必报请上级财政部门批准，使地方的积极性大大提高。

在计划体制上，在坚持计划经济为主的前提下，开始注意发挥价值规律和市场调节的作用，运用经济杠杆调节经济，明确实行指令性计划、指导性计划和市场调节三种形式，开始打破完全指令性计划的局面。

总的来看，从党的十一届三中全会到1984年，我国城市的改革主要在扩大企业自主权和实行经济责任制以及其他基础性改革方面取得了显著的成绩，但这只是局部的、初步的和探索性的。它的成功，为我国经济体制改革的全面发展和深入进行奠定了基础，开辟了道路。

1984年10月，在中华人民共和国成立35周年纪念盛典之后，中共中央举行了十二届三中全会。会议通过了《中共中央关于经济体制改革的决定》，为社会主义市场经济理论的提出奠定了基础。同时，这一决定回答了社会主义实践中提出的一系列重大理论问题和实践问题，规划了经济体制全面改革的蓝图，对全面改革提出了具体要求。其中包括：把增强企业活力作为经济体制改革的中心环节；建立自觉运用价值规律的计划体制，发展社会主义商品经济；建立合理的价格体系，充分重视经济杠杆作用；实行政企职责分开，正确发挥政府机构管理经济的职能；建立多种形式的经济责任制，认真贯彻按劳分配原则；积极发展多种经济形式，进一步扩大对外开放和国内的经济技术交流。邓小平曾高度评价这一决定是马克思主义基本原理和中国社会主义实践相结合的政治经济学。《中共中央关于经济体制改革的决定》的通过，标志着我国经济体制改革正式进入全面发展阶段。

由于全面改革的铺开和深化，推动了科技、教育、军队等各方面的改革，使人们的思想观念发生了深刻的变化。沿袭了几千年的传统观念和一些所谓正统的观念逐步受到越来越大的冲击，许多符合社会进步方向、适应历史发展潮流的新思想、新观点大量出现。比如：伴随着改革过程中传统的大锅饭体制的逐步被打破，人们头脑中的绝对平均主义观念从根本上受到冲击，竞争、进取的意识逐渐浓厚；商品经济的发展，使人们的商品经济意识和时效观念大为增强；改革使民主意识、参与意识、法治意识空前增强，主体意识大大增加。

总之，从党的十一届三中全会以来的实践可以清楚地看到，中国经济建设发生了令世界信服的变化。1991年同1978年相比，人均国民生产总值增长了1.4倍。其间，国民生产总值年平均增长率为8.6%，工业生产年平均增长率为12.2%，比世界平均增长水平高出将近10个百分点，农业生产增长5%，高于世界平均水平4个百分点。1991年城镇居民人均收入，剔除价格因素，增长1.1倍，农民纯收入比1978年增长4.3倍。

第四节　对外开放

1980年6月，邓小平在一次接见外宾时，第一次以"对外开放"作为我国对外经济政策公之于世。他说："我国在国际上实行开放的政策，加强国际往来，特别注意吸收发达国家的经验、技术包括吸收国外资金来帮助我们发展。"1981年11月召开的五届人大四次会议上的政府工作报告，又进一步明确指出："实行对外开放政策，加强国际经济技术交流，是我们坚定不移的方针。"1982年12月，对外开放政策被正式写入我国宪法。

一、对外开放政策的确立

邓小平曾一针见血地指出："从1957年下半年开始，我们就犯了'左'的错误。总的来说，就是对外封闭，对内以阶级斗争为纲，忽视发展生产力，制定的政策超越了社会主义初级阶段。"在这里，邓小平将我们当时犯的"左"的主要错误归结为"对外封闭"和"对内以阶级斗争为纲"，并把"对外封闭"放在了"对内以阶级斗争为纲"的前面。

其实，早在粉碎"四人帮"以后的1976年10月，我国就已经认识到对外开放的重要意义，那时已经有很多国家级和地方级的代表团先后出国考察。在1978年5月，国务院派出了新中国第一个由当时国务院副总理谷牧带队的赴西欧考察的经济代表团，他们在法国、德国、比利时、丹麦和瑞士进行了一个多月的考察。6月下旬，中央政治局专门开会听取考察团的汇报。7月，国务院召开关于经济建设的务虚会，充分讨论了对外经济合作的问题，并在几个重要问题上达成了共识：一是二战后，资本主义经济发达国家的社会经济都发生了重大的变化，科学技术和经济发展日新月异，资本主义有很多我们可以借鉴的地方；二是我国的社会主义建设虽然取得了很大的成绩，但与资本主义比较还比较落后，与发达国家的发展差距不是缩小了，而是拉大了；三是发达资本主义国家出于他们政治和经济的考虑也想和我们进行经济合作，他们需要投资的市场和产品销售的市场；四是在发展对外经济关系中，许多国际上流行的做法，包括补偿贸易、合作生产、吸收国外投资等，我们都可以研究采用。9月，邓小平在一次会议上指出，经过几年的努力，有了今天这样的、比过去好得多的条件，使我们能够吸收国际上先进的技术和管理经验，吸收他们的资金。12月，在中央工作会议上经过认真讨论后，党的十一届三中全会作出了在自力更生的基础上积极发展同世界各国的经济合作、努力采用世界先进技术和先进装备的重大决策。由此确定了我国对外开放的基本国策，揭开了我国经济发展的新序幕。

二、对外开放的历程

1.经济特区的建立

1979年4月，中央召开工作会议，专门讨论经济建设问题。当时广东省委领导人习仲勋在汇报工作时提出，希望中央下放一定的权力，允许广东有一定的自主权，在毗邻港澳的深圳、珠海、汕头举办出口加工业。邓小平听后十分赞同，并向中央提议批准广东的这一要求。在讨论如何扩大对外贸易的过程中，到会的许多负责同志认为，可以在广东的深圳、珠海、汕头以及福建的厦门试办出口特区，发展出口商品生产，这个建议被写入了会议的有关文件。

经过各方面的充分讨论和准备，7月，中共中央、国务院批转了广东和福建两省分别提出的关于对外经济活动实行特殊政策和灵活措施的两个报告，同时批准在深圳、珠海、汕头以及福建的厦门试办出口特区。根据半年多筹办特区的工作实践，中央进一步明确，在特区发展中不但要办出口加工业，也要办商业和旅游业，不但要拓展出口贸易，还要在全国经济生活中发挥多方面的作用：如发挥技术的窗口、管理的窗口、知识的窗口和对外政策的窗口，以及"开放的基地"。这样1980年3月将"出口特区"改为内涵更为丰富的"经济特区"。

由于深圳、珠海、汕头以及厦门四个特区在很短的时间里取得了很大的成就，国家决定扩大经济特区的规模和范围，1988年4月13日，第七届全国人民代表大会第一次会议审议通过了国务院提出的议案，决定海南省成为我国的又一个经济特区。

2.经济技术开发区

经济特区在短时间内取得突破性进展和巨大成就极大地鼓舞了全国各族人民，也进一步坚定了我国扩大对外开放的信心。1984年2月，邓小平视察特区后指出："除现在的特区外，可以考虑再开放几个港口城市，……这些地方不叫特区，但可以实行特区的某些政策。"

1984年4月，根据邓小平的建议，党中央、国务院研究决定将对外开放的范围由特区扩大至沿海其他一些城市。这次开放的城市共有14个，它们分别是：大连、秦皇岛、天津、烟台、青岛、连云港、南通、上海、宁波、温州、福州、广州、湛江和北海。当年9月，国务院首先批准了东北重镇大连市兴办经济技术开发区。从这时起到1985年1月，在逐渐审批沿海开放城市的实施方案中陆续批准了秦皇岛、烟台、青岛、宁波、湛江、天津、连云港、南通、福州、广州10个城市举办经济技术开发区，给予它们和沿海经济特区类似的优惠政策。1986年8月，国务院批准设立上海闵行经济技术开发区和虹桥经济技术开发区，1988年又批准了上海市举办以发展高新技术为主的漕河泾经济技术开发。这样我国的经济技术开发区已经达到14个。到1991年底，14个经济技术开发区累积开发土地面积达30万平方公里，批准外商投资项目1501个，协议吸收外资27.2亿美元，投产运营的企业达821家，经济技术开发区正显示其发展的勃勃生机。

1992年邓小平视察南方谈话，科学地总结了党的十一届三中全会以来的基本经验，鲜明地回答了困扰和束缚人们思想的姓"资"姓"社"等许多重大问题。同年召开的党的十四大对建设有中国特色的社会主义理论进行了科学的概括。理论上的创新推动了人们思想的解放，我国的对外开放又迈出了很大步伐。1992年，国务院先后批准举办温州开发区、昆山开发区、威海开发区、福清融侨开发区；1993年国务院批准了东山开发区、武汉开发区、长春开发区、哈尔滨开发区、沈阳开发区、杭州开发区、芜湖开发区、重庆开发区、萧山开发区、惠州大亚湾开发区、广州南沙开发区；1994年8月国务院批准北京、乌鲁木齐两个开发区。至此，国务院已经批准的经济技术开发区总共达32个。

经济技术开发区在很短的时间里取得了举世公认的伟大成就，极大地鼓舞和坚定了我国对外开放的信心和决心。当然，由于各种原因，各地在自办开发区方面也出现了一些偏差和失误，付出了一定的代价，许多地方不顾自己的条件和可能，群起效仿经济技术开发区，刮起了全国性的"开发区热"。特别是1992年，许多地方不顾客观条件，盲目兴办了各种名目的开发区，以致在1993年初使各种自行设立的开发区总数达2000多个，规划面积达1.48万平方公里。在这些开发区里，许多是只开不发，不仅造成了土地资源的大量浪费，而且还干扰了正常的经济秩序。对此，国务院专门下发文件对开发区进行规范化管理。

从国务院批准设立大连经济技术开发区以来，在国家一系列的方针政策指导下以及经济技术开发区建设者的艰苦创业下，我国经济技术开发区坚持以工业为主、吸收外资为主、拓展出口为主的"三为主"方针，致力于发展高新技术产业，已经取得了很大的成就，它们基本上成为所在城市经济发展的新的增长点、技术与管理的创新点。所以，同经济特区一样，经济技术开发区也是我国由传统计划经济体制走向市场经济体制、从闭关自守走向对外开放的"试验田"和"排头兵"，并且从不断深化的改革开放中获得动力，在国内外大市场的竞争中发展壮大。

3.开发浦东

上海素有"浦西摩天，浦东农田"之说。20世纪80年代我国在广东、福建设立经济特区，这些城市以点带面，带动了珠江三角洲乃至整个珠江流域的发展。在经济特区和经济技术开发区建设如火如荼进行之际，具有得天独厚位置的上海也迫切地希望再次成为中国经济的引擎。1990年2月26日，中共上海市委和上海市人民政府正式向党中央、国务院提出了《关于开发开放浦东的请示》。同年3月邓小平同几位中央负责同志谈话时指出，中国的关键就是看能不能争取较快的增长速度，实现我们的发展战略，并提出了"抓上海"的战略构想："上海是我们的王牌，把上海市搞起来是一条捷径。"之后的3月底到4月初，时任国务院副总理的姚依林同志受党中央、国务院的委托，带领有关部门的负责同志到上海市，对开发浦东进行专项调查研究。4月15日到18日，当时的国务院总理李鹏到上海市视察工作，并于18日正式宣布开发开放浦东。1992年10月，时任中共中央总书记的江泽民在党的第十四次全国人民代表大会上提出，要以上海浦东开发开放为龙头，进一步开放长江沿岸城市，尽快把上海建成国际经济、金融、贸易中心之一，以此带动长江三角洲和整个长江流域的新飞跃。这些都充分体现了党中央、国务院对开发和开放浦东的殷切希望。

浦东的开发和开放极大地促进了浦东和上海市经济的发

展，目前上海已经成为国际上较为知名的国际金融中心，并由此带动了上海市和整个长江流域的发展。

4.内地开放

随着改革开放的不断深入以及开放所带来的巨大成就，党中央、国务院决定进一步扩大对外开放：一是从1990年起先后在上海浦东新区的外高桥和天津港等地设立了15个保税区。保税区是我国改革开放过程中出现的新生事物，是我国借鉴国际上通行自由贸易区的做法，并在结合我国国情的基础上形成的经济开放区域。在此区域内，从境外运入的货物就其关税和其他关税而言被视作境外，免于海关监管，并给予该区域特殊的关税和优惠政策。我国建设和发展保税区的根本目的就是要形成良好的投资环境，利用保税区内海关保税的独特条件发展对外经济。二是开放长江的芜湖、九江等6个城市和设立长江三峡经济开放区。三是开放珲春等13个陆地边境城市。四是开放内陆所有的省会、自治区首府城市，给予这些地方和经济技术开发区一样的优惠政策。这样，在我国就形成了沿海、沿江、沿边及东西南北中多层次、多渠道、全方位的对外开放局面，使我国的对外开放进入了一个新的更高的阶段。至此，我国对外开放形成"经济特区—沿海港口城市—经济技术开发区—沿海经济开放区—内地"这样一个多层次、有重点、点面结合的对外开放格局。

5.全面对外开放

经过艰难谈判，我国于2001年末加入世界贸易组织，这标志着我国对外开放进入一个崭新的阶段。我国将由以前有限范围和有限领域内的开放，转变为全方位的开放；由以试点为特征的政策主导下的开放，转变为法律框架下可预见的开放；由单方面为主的自我开放，转变为与世贸组织成员之间的相互开放。这一时期我国对外开放的主要特点是：

第一，由地域的全方位开放走向产业的全方位开放。进入20世纪90年代中期以来的中国开放已经不仅是通过沿海开放城市和开放区域，而是形成了东西南北中全方位的开放局面，使中国经济的开放程度和范围都有了极大的提高。更重要的是我们要积极作准备由地域性的全方位开放进一步走向产业的全面开放，一般具备竞争性的行业将实行全面的开放，允许外国商品和资本在一定的条件下进入。这既是我国加入ＷＴＯ的需要，也是我国开放型经济发展内在的要求，竞争将日趋激烈。

第二，生产和资本国际化程度将进一步提高。在世界经济一体化趋势下，中国不仅要全面开放市场，使国际资本和商品更大范围地进入中国市场，而且中国的资本也将以更快的速度进入国际市场，中国将会有更多的企业从事跨国生产和经营，"引进来"和"走出去"将成为我国对外开放的两个轮子，有力地推动我国对外开放向纵深发展。

第三，中国的金融市场将不再与国际金融市场隔裂，金融市场与世界市场的一体化程度会大幅度提高。30多年的改革开放使中国经济具有开放型经济的特征，商品市场的开放度和国际化都已达到了较高的水平。但是，中国的金融业和金融市场迄今仍保留着相对封闭的状况，它与日益一体化的世界金融市场存在着相当的隔离度。金融业和金融市场作为国民经济的关键部门和核心环节，通常在对外开放的进程中排在较后的序列，这在发达国家开放经济走过的历程中也是如此。大多数发达国家的金融市场开放是在二战之后开始的，金融业的全面开放则是在20世纪80年代之后西方普遍实行金融自由化才出现的，因此，全面开放和高度国际化的金融市场可以被看成是开放型经济的发达形态。中国开放经济的建设目前尚处在一个由初级阶段向高级阶段过渡的时期，金融市场开放度不高是可以理解的。但是金融市场和金融业的开放，毕竟是一种客观的发展趋势，是经济全球化和世界经济一体化的重要表现形式。按照中国加入WTO协议，我国金融业对外开放已日益临近，但我国金融业整体上竞争能力不强，金融安全值得高度关注。

第四，标准化的规则和法规将进一步与国际接轨，政府的宏观调控手段发生巨大的变化。改革开放以来，中国市场经济体制的建设和对外开放共同发展，并已取得了很大的成就。应该注意的是，由于中国实行渐进式的改革方式，既要最大限度地发挥市场对经济发展的促进作用，同时又要尽量避免体制转型带来的震荡和冲击，使经济增长的代价降至最低限度，所以对市场进行调控的各种管理手段、规章制度，尚未完全按照开放型市场经济的要求进行重构和重组。因此，中国的市场经济体制建设中，有许多中国特色的现象和上层建筑。但随着中国加入世界贸易组织，这些规则和法规及政府的宏观调控必然要遵循世界贸易组织的规则，这就要求我们对与WTO规则以及我们在谈判中作出的承诺不相符的地方做重大修改使其与国际惯例接轨。中国进一步开放的上述方向既是中国本身经济发展的需要，也是经济全球化发展趋势对中国提出的客观要求。

三、对外开放的主要特点

实行对外开放，是我国在党的十一届三中全会后坚持实事求是的思想路线，依据马克思主义关于国际经济关系发展的基本原理，总结国际、国内的历史经验作出的重大战略决策。回顾我国对外开放三十年，我国对外开放主要有以下几个特点：

第一，我国的对外开放是渐进式开放。我国开放是在不断总结经验的基础上，由点到面、由浅入深，以经济特区和沿海开放城市为重点，逐步向中、西部内陆地区推进的，既保证了对外开放的不可逆转，又避免了盲目开放给产业带来的巨大冲击。

第二，我国的对外开放是独立自主，平等互利开放。我国对外开放强调独立自主、自力更生、平等互利，在此前提下，充分利用国际国内两个市场两种资源，积极发展与世界各国的经济贸易往来。同时，在对外开放过程中坚决维护国家主权、尊严和安全。

第三，我国对外开放是以经济开放为基础的全方位对外开放。我国的开放首先是从经济领域开始的，以后也是以经济开放为基础和重点。同时也包括积极发展同其他各国在科学、技术、文化、教育等方面的交流与合作。

第四，我国的对外开放是向世界上所有的国家和地区开放。无论哪个国家、属于什么性质和类型，也无论是穷国还是富国，我国都愿在平等互利的基础上发展同它们的经济贸易关系。

第五章　实事求是思想路线的
坚持与发展

　　回顾党的思想路线的发展，从最初的确立到一度偏离，再到重新确立，这一艰辛过程告诉我们始终坚持党的思想路线，以及对思想路线进一步丰富和完善的极端重要性。在中国共产党建党90周年时胡锦涛指出，我们党能够依靠自己和人民的力量自觉地纠正错误，愈挫愈勇，继续胜利前进，其根源在于重新恢复和坚持贯彻了实事求是这一马克思主义活的灵魂，而在历史上的部分时期，我们曾犯过错误甚至遭遇严重的挫折，其根源就在于当时的指导思想与中国的实际相脱离。

第一节　与时俱进

　　党的各种理论创新、方针、政策都是在不断推进和建设中国特色社会主义事业的实践活动中提出的，"与时俱进"的思想正是在这一新的历史条件下应运而生的，它的产生是特定的时代条件和主观条件综合作用的结果。

具体来说，当今世界不管是国际还是国内都在发生着新的变化，与之相应我国改革开放和现代化建设也面临着新的任务，中国共产党自身的建设也需与时代的新变化相适应，人们的思想方法也应随之改变，综合这些变化，在经过深刻的理论反思之后，与时俱进的思想被提了出来。

一、与时俱进提出的背景

从世情来看，20世纪70年代以来，世界范围的信息化时代已经开始。进入信息化时代，经济社会以超过以往几倍的速度发展，并引发社会生活多方面变化，如世界格局多极化，经济全球化，信息网络化，当代资本主义新变化等。它要求人们以不断发展变化的眼光看待世界，否则即自甘落后。

从国情来看，改革开放和现代化建设进入新时期，社会的经济、政治、文化等各领域均发生了翻天覆地的变化，取得了可喜的成绩。但与此同时，也出现了许多新问题。例如，社会关系问题不断出现，我国各阶层的地位和属性亟需科学鉴定，人民内部的矛盾也需要正确地认识，合理地处理。我国在坚持社会主义基本经济制度不变的情况下，仍需进一步探讨。中国社会主义建设事业如何进一步发展成为摆在我国面前的现实问题。

从党情来看，经过新民主主义革命、社会主义革命和改革开放，中国共产党已经由一个领导人民为推翻三座大山，建立人民民主专政的新中国而奋斗的政党，转变为一个领导人民为社会主义现代化建设和中华民族的伟大复兴而不断努力的政党。在当前，作为执政党——社会主义现代化建设的领导核心，中国共产党正面临着如何提高党的执政能力和提高拒腐防变、抵御风险能力的两大历史性考验。

综合世情、国情、党情的新变化，我们不难看出中国特色社会主义现代化建设的伟大实践需要人们把握规律，创新理论，顺应时代。但是，面对这些新情况、新要求，党在思想和工作中还存在诸多不适应新形势的问题。"面对新形势新任务，一些同志往往感到'老办法不管用，新办法不会用'"，部分同志对于改革开放以来中国社会所出现的新情况、新特点以及党所采取的新政策、新领导方式和工作方法，还缺乏科学的分析和正确的认识，还沉浸在不合时宜的观念中，对马克思主义也还存在一些错误的和教条式的理解。为了使党在思想上保持开拓创新的状态，为了使党更好地坚持解放思想、实事求是的思想路线，进一步突出时代精神和创新要求，以江泽民为主要代表的中国共产党人在党的思想路线上提出了"与时俱进"的思想理念。

二、与时俱进提出的历程

任何思想的形成都要经历一个过程，与时俱进的思想也是逐步形成的。

进入21世纪，在对"与时俱进"思想不断反思的基础上，党逐渐认识到"与时俱进"是一个具有普遍命题的概念。2001年7月1日，江泽民在庆祝中国共产党成立80周年的讲话中，从马克思主义发展史的角度对"与时俱进"进行深刻的思考，提出了"马克思主义具有与时俱进的理论品质"的论断。就是说马克思主义不是教条，是需要我们在坚持中不断发展和创新的。时代需要新的理论，毛泽东思想、邓小平理论也需要不断地发展，中国特色社会主义的伟大实践更需要与之相应的理论。

在党的十六大上，江泽民在《全面建设小康社会，开创中国特色社会主义事业新局面》的政治报告中，对"与时俱进"的涵义进行了科学的表述，他指出，"与时俱进，就是党的全部理论和工作要体现时代性，把握规律性，富于创造性"，并深刻论述了党的思想路线的重要作用，他指出，"坚持党的思想路线，解放思想、实事求是、与时俱进，是我们党坚持先进性和增强创造力的决定性因素"。

十六大把与时俱进的思想加入了党的思想路线中，是党对思想路线认识水平的一个新提高。

三、与时俱进之内涵

以江泽民为主要代表的中国共产党人以马克思主义为指导，吸取中国优秀的传统文化精华，赋予"与时俱进"新的涵义，使其成为科学的思维方式，并融入到中国共产党的思想路线之中。与时俱进，就是党的全部理论和工作要体现时代性，把握规律性，富于创造性。

所谓体现时代性，就是要求我们要紧扣时代脉搏，站在时代前列，把握时代特点；就是要求我们面对现实中的重大问题要认真对待，勇于探索，敢于攻坚；就是要求我们的思想反映时代要求，富于时代特点，体现时代精神。总之，我们必须不断地适应当时条件下的变化，更新思想观念，跟上时代步伐。

所谓把握规律性，就是要求人们坚持马克思主义的世界观和方法论，要透过纷繁复杂的社会表象去认识和抓住隐藏于社会变革背后的客观规律。这是因为，不是任何"变"都是正确的，都是值得我们坚持的，只有发现并利用隐藏于社会变革背后的客观规律，把握社会发展的历史趋势，改革才会成功，变革才有生命力。

所谓富于创造性，就是要求人们要敢于打破陈旧观念，适应时代变化，遵循利用规律，就是要求我们保持与时俱进的精神状态，敢于创先争优。创新是与时俱进的结果和现实体现，只有通过不断创新，社会才会进步，国家才会兴盛，只有通过创新我们的党才能经受时代考验，永葆盎然生机。理论创新是变革的先导，要通过理论创新来推动制度创新、科技创新、文化创新，不断地开拓和发展中国特色社会主义的伟大事业。

四、与时俱进和"三个代表"

与时俱进是江泽民提出"三个代表"思想路线的前提。正是因为以江泽民为核心的中共第三代领导集体毫不动摇地坚持解放思想、实事求是的思想路线去认识国情，把握规律，才能牢牢把握我国将长期处于社会主义初级阶段这个基本国情，继续回答什么是社会主义和怎样建设社会主义的问题，从而把发展作为党执政兴国的第一要务、实施"新三步走"和区域发展战略。同时，更面对国际国内形势的新变化给执政的中国共产党带来的挑战，大力倡导与时俱进，创造性地回答建设什么样的党和怎样建设党的问题，明确提出：中国共产党必须始终代表中国先进生产力的发展要求，始终代表中国先进文化的前进方向，始终代表最广大人民的根本利益。树立"立党为公，执政为民"的理念等。所有这些，都是"三个代表"重要思想的主要内容，是以"解放思想，实事求是，与时俱进"思想路线为基础和前提的。江泽民指出，"三个代表"是在科学判断党的历史方位的基础上提出来的，贯彻"三个代表"重要思想，必须使全党始终保持与时俱进的精神状态，不断开拓马克思主义理论发展的新境界。与时俱进思想的提出先于"三个代表"重要思想，它是贯穿"三个代表"重要思想的关键。

第二节　求真务实

自改革开放以来，中国社会以它前所未有的速度发展，取得了举世瞩目的成就，经济社会发展无论在发展中国家还是社会主义阵营中都处于领先地位，改革发展的成果不但惠及大多数中国人，也为国际社会作出巨大贡献。当然，在社会快速发展中，又出现了一些新的问题，如社会结构发展不平衡问题、对改革开放成果分享不公问题，尤其是发展与资源、环境、人口的矛盾也日益凸显出来。我国改革和发展正处在一个关键时期。面对这些新情况、新形势，要想安然度过这一关键时期，就必须坚持脚踏实地的工作作风，发扬求真务实的工作精神。

一、求真务实提出的背景

从世界范围来看，人均国内生产总值突破1000美元后，社会将进入关键时期，各种矛盾复杂交织。新世纪之初，我国也进入这样的时期。作为执政的中国共产党必须时刻面对新情况，解决新问题，要通过处理各种社会矛盾及其关系来引导社会正常、有序、健康发展。而正确认识和合理解决这些社会矛盾和问题，又迫切地要求我们坚持脚踏实地的工作作风，弘扬求真务实的工作精神。

与此同时，我们党的建设和党员干部队伍的现状，急需坚持脚踏实地的工作作风，弘扬求真务实的工作精神。对于每一个中国共产党党员，不管在什么样的时间、地点、条件下，都必须坚持求真务实的精神态度。就我国改革开放这一伟大实践的总体而言，广大党员干部都坚持着脚踏实地的工作作风，饱含着求真务实的精神风貌。但也不得不承认，一些党员干部在实际工作中的确存在着一些亟需解决的突出问题。其主要表现为：有的工作不实，得过且过，不思进取，作风漂浮；有的好大喜功、急功近利，心态浮躁、追名逐利；有的弄虚作假、欺上瞒下，明哲保身、患得患失；有的贪图享受、奢侈浪费，以权谋私、与民争利；有的高高在上、脱离群众，如此等等。这种形式主义、享乐主义、极端个人主义和官僚主义严重违背党的求真务实的科学精神，与党的性质、宗旨和优良传统严重不符。

中国共产党的革命斗争实践告诉我们，一定要坚持求真务实，否则就会遇到艰难险阻。对于这些不良风气如果听之任之，不管不顾，让其蔓延，不仅会割断党同人民群众的血肉联系，严重削弱党的战斗力，而且最终还会毁掉党和社会主义事业。

二、求真务实的内涵

求真务实，从根本上要求人们做到坚持马克思主义的世界观与方法论。它体现了马克思主义所要求的理论和实践、知和行的具体的历史的统一。所谓"求真"，就是依据解放思想、实事求是、与时俱进的思想路线，去不断地认识事物的本质，把握事物的规律。"务实"，则是要在这种规律性认识的指导下去实践。党的思想路线集中而鲜明地反映了马克思主义的这一基本特点和实质。

三、求真务实与科学发展观

构建社会主义和谐社会理论和科学发展观是党的思想路线的全面体现。

　　中共十六大以来，以胡锦涛为总书记的党中央，以社会主义初级阶段为现实基础，深刻总结国内外经济社会发展的经验教训，提出科学发展观和构建社会主义和谐社会理论，进一步回答为什么发展、为谁发展和如何发展的问题。针对以往社会主义运动中偏重强调制度、原则等片面倾向，而忽视人的切身利益的问题，提出坚持以人为本，促进经济、社会和人的全面发展。针对我国社会主义建设中长期存在的发展不平衡问题，尤其是当前发展中出现的地区之间、行业之间、城乡之间、人与人之间的不平衡问题，提出必须协调发展。针对人口、环境、资源矛盾日益尖锐这一世界性难题，强调走可持续发展之路。在对以上发展中存在的问题进行深刻总结与高度概括的基础上，提出构建社会主义和谐社会理论。

　　因此，正是以胡锦涛为总书记的党中央始终坚持解放思想、实事求是、与时俱进、求真务实的思想路线才能针对现实中存在的问题提出合理化的方针政策。

结　语

　　实事求是是马克思主义思想路线的中国化表述，1945年党的七大将实事求是正式确立为中国共产党的思想路线后，在日后不同的历史时期得到了发展。1978年党的十一届三中全会上实事求是的思想路线终于得以重新确立；后来，以邓小平为核心的领导集体应对新环境又提出了解放思想；江泽民根据时代背景和国内环境提出与时俱进；新世纪，新形势下胡锦涛又提出求真务实。正是在这种思想路线的指导下，才有了中国特色社会主义理论体系。十八大召开后，习近平总书记一如既往地坚持实事求是思想路线，提出到2020年我国全面建成小康社会，为实现"中国梦"而不懈奋斗！

　　实事求是是解放思想、与时俱进、求真务实等思想的理论基础。解放思想、与时俱进、求真务实是对实事求是思想的继承和发展。在中国特色社会主义的伟大实践中，要做到实事求是，就必须解放思想，勇于创新，就必须与时俱进，扣紧时代脉搏，就必须求真务实，脚踏实地地工作。解放思想、与时俱进、求真务实的最终目的和归宿都是实事求是。总之，实事求是是党的思想路线的实质和核心，解放思想、与时俱进、求真务实与实事求是既是一脉相承的又是对它的发展创新。